Barbara Hilger
Geschichten, die die Seele schreibt

Geschichten, die die Seele schreibt

„Kurze Geschichten, die berühren"

Barbara Hilger

Bibliografische Information der Deutschen Nationalbibliothek:
Die Deutsche Nationalbibliothek verzeichnet diese Publikation in der Deutschen Nationalbibliografie; detaillierte bibliografische Daten sind im Internet über http://dnb.ddb.de abrufbar.

ISBN 978-3-86870-322-1

Copyright (2011) Re Di Roma-Verlag

Umschlagillustration: Leila Stickel-Migeot

Alle Rechte beim Autor

www.rediroma-verlag.de
www.hilger-geschichten.de
11,95 Euro (D)

Vorwort:

"Austerngeschichten" möchte ich sie nennen, - Geschichten wie Perlen, - jede einzelne etwas Besonderes, Kostbares, Originelles.

Mal zutiefst das Herz anrührend, mal auch das Zwerchfell kitzelnd, mal zum betroffenen Nachdenken aufrüttelnd, mal verborgene Türen in eine andere, geheimnisvolle Wirklichkeit behutsam öffnend....

Spitzige Sandkörner, - schmerzende Fremdkörper im weichen, empfindlichen Muschelfleisch der Auster, - die peu à peu von Perlmut umhüllt werden und sich in zart schimmernde kleine, runde Kostbarkeiten verwandeln.

Und so ist das auch mit Barbara Hilger's Kurzgeschichten, die Themen sind wie die Sandkörner im Getriebe des mehr oder weniger alltäglichen Lebens, - aus dem Überfluß einer reichen Innenwelt geschöpft, - äußerst sensibel wahrgenommen, und nie ohne einen, wache Neugier weckenden Spannungsbogen, zu kleinen feinen Miniaturen verarbeitet. Ein wahres Leseerlebnis, gespickt mit Überraschungen.

(Anke Korsinnek, Dipl. Psych.)

Gewidmet: meiner Tochter Nicoletta,
ihrem Vater Mamadou

und allen Menschen,
die von diesen Geschichten
berührt werden –

Einführung

Fortsetzung morgen…

Schon in meiner Kinderzeit hat mir meine Schwester Margret, vor dem Einschlafen wunderschöne, spannende Geschichten erzählt. Sie hatte sie allesamt erfunden. Meist schilderte sie die Erlebnisse der kleinen Lilli oder Susi in gefährlichen Situationen. Dann, nach etwa 20 Minuten, wurden die Erzählungen schleppender und waren von längeren Pausen durchzogen. Mein intensives Nachfragen bewirkte anfangs noch, dass ein weiterer Satz vom Nachbarbett herüberkam. Bald aber half auch lautes Rufen nicht mehr, es kam nur noch ein gequältes, schläfriges „Fortsetzung morgen". Wie mich das ärgerte. Mitten im spannungsvollsten Moment brach die Handlung ab und ich wurde auf den nächsten Abend vertröstet.

Dieses Geschichtenritual war vermutlich einer der treibenden Motoren für mein späteres Vergnügen am Lesen und Schreiben, und ich danke dafür von ganzen Herzen.

Ich danke meiner Seele, die mir diese Geschichten zum Heilwerden und zur Aufarbeitung eingegeben hat.

Danken möchte ich auch den lieben Freundinnen, die so geduldig und neugierig meine Geschichten lasen oder sich vorlesen ließen, die mir Mut machten und mich bestätigten. Ohne ihre stete Ermutigung wäre dieses Buch wohl nie entstanden.

Meiner langjährigen Freundin Anke gilt ein besonderes Dankeschön, die sich alle, — wirklich alle, — Geschichten, meist sofort, ‚einverleibte' und meine Begeisterung teilte.

Großer Dank gebührt auch Ruth und Julius, die an mich geglaubt und mich unterstützt haben.

Inhalt

Vorwort 5
Einführung 7

1. Kapitel: Liebe und Liebenswertes

Die Augen eines Liebenden 12
Das Unwetter 14
Die Liebe einer Mutter 18
Vergangene Orte 19
Die Rückkehr 23
Das ungleiche Paar (Fabel) 25
Schweigende Begegnung 27
Der Philanthrop 29
Ewig junge Liebe 33

2. Kapitel: Seelenberührungen

Sprechenden Rosen 35
Schöner Vogel 38
Schmetterlinge 40
Walhalla 43
Wüstenfahrt 45
Späte Lehre 47
Der Bauer und die Katze 49
Das Versprechen 52
Jamila 54
Federmädchen 57

3. Kapitel: Geheimnisvolles

Der geheimnisvolle See 60
Die Verschmelzung 64
Das kleine rote Herz 66
Begegnung 69
Die Fahrt 70
Das Rätsel 72
Elfenbeinmädchen 75
Das Summen von Minou 77
Fatamorgana 79
Anouk 81
Freut Euch des Lebens 84
Der Wächter 86
Welana 89
Sarina und der andere Planet 91
Im Verborgenen 93
Graubein und der Hofhund 97

4. Kapitel: Zum Schmunzeln

Emausi 100
Bedauernswerte Geschöpfe 105
Die kurze Urlaubsreise 107
Das ersehnte Paket 109
Madam Zimberlin 112
Gute Schwingungen 115
Koruna das Leichtgewicht 117

5. Kapitel: Gesellschaftskritisches

Sonntagstheater 120
Frische Trauben 123
Kleiner 125
Mikado 128
Die Gerechten 130
Blutiger Versuch 132
Frondienst 134
Morgenstund' hat Gold im Mund 135
Totem 138
„Karl der Pechvogel 140

6. Kapitel: Gemischte Gefühle

Walschau 143
Wunderliche Beeren 146
Blinde Wut 148
Die Unruhe 150
Elda 152
Der Gürtel 153
Der gebeugte Rücken 155
Hypotheken 157
Marginale 159

1. Kapitel: Liebe und Liebenswertes

Die Augen eines Liebenden

‚Komm in die Schaukel Luise'…, – oder wie ging das Lied? Egal, er schwebte wie auf Wolken, denn er war total verliebt. Es war ihm zum Singen, zum Jubeln zumute. Alles liebte er an ihr. Wie sie lachte, wie ihre Grübchen dabei auf den Wangen tanzten. Er fand alles an ihr unglaublich reizend: ihre scheue, nervöse Art, ihren Gang, wie sie neben ihm einher lief, wie sie manchmal stolperte, wenn sie versuchte, mit seinen großen Füßen Schritt zu halten. Er fand all' das einfach anrührend. Ihre Stimme war leise und trotzdem lebendig, ein leichter Singsang war darin zu hören, dem er am liebsten ununterbrochen zugehört hätte. Ihre kleinen Hände, die gerade mal seinen Handteller ausfüllten, waren so zerbrechlich und bewegten sich ständig, wie fliegend, über alles, was in ihrer Reichweite war. Ihre Fragen, die sie an ihn stellte, waren unsicher und nach Zustimmung heischend, so als erwarte sie immer eine ablehnende Antwort aus seinem Mund. In ihrer Gegenwart fühlte er sich wie ein großartiger Beschützer, - endlich für jemand sorgen können. Es fühlte sich an, als wäre er genau dafür geboren worden. Er, der immer cool, laut und bestimmend von all seinen Freunden wahrgenommen wurde. Er fühlte sich butterweich in ihrer Gegenwart und mutierte selbst zu einem zerbrechlichen Wesen. Wenn er in ihrer Nähe war, klopfte ihm sein Herz bis zum Halse hinauf, und wenn sie dann noch ihre Hand auf die kleine Grube zwischen seinen Schlüsselbeinen legte, wusste er, dass sie so sein Befinden perfekt erspüren konnte, - ohne ein Wort. Manchmal war er wie elektrisiert, wenn sie ihn flüchtig berührte, und für einen langen Moment musste er den Atem anhalten, weil er Angst hatte, unter dieser Berührung sofort zu zerspringen.

In ihrer Nähe vergaß er alles, was sonst niemals aus seinem Bewusstsein verdrängt worden war. Seit er sie kannte, kam er zu spät in die Firma, vergaß Termine oder ließ sie einfach ausfallen. Seine Arbeit erschien ihm plötzlich fade und langweilig. Wie konnte das ihm, dem Workaholic passieren, dem die Arbeit, seit er seine Ausbildung beendet hatte, immer das Wichtigste war.

In den Zeiten, in denen er dieses Wesen, das er wie von einem anderen Planeten empfand, nicht sah, –

fühlte er sich leer und nutzlos. Seine Gedanken kreisten dann nur um sie und um das, was beim nächsten Treffen wohl geschehen würde. Wenn sie dann zum ausgemachten Zeitpunkt auf der Bank saß, wurden ihm, dem hünenhaften, starken Mann, für einen Moment lang die Knie schwach.

Heute war sie wieder unendlich niedlich, wie sie da aufrecht auf der Parkbank saß, die Hände im Schoß gefaltet. Sie hatte ein dunkelblaues, etwas ältliches Kleid an, das ihre blonden Haare wundervoll zur Geltung brachte. Als er näher kam, sah er dass sie das Kleid falsch zugeknöpft hatte. Ein Knopf war ausgelassen, und so machte sie einen leicht schiefen Eindruck, wie sie so da saß.

Mit einem leisen ‚Hallo' nahm er neben ihr Platz, und legte den weißen Stock zur Seite, der neben ihr an der Bank lehnte.

Das Unwetter

„Komm endlich Madita, es wird gleich anfangen zu regnen. Schau die dunklen Wolken am Himmel" rief Violetta zur kleinen Schwester, die vor sich hin trödelte. Immer dasselbe, nie hörte sie auf ihre große Schwester, und sie riss sich ganz bestimmt nicht freiwillig um die Aufgabe, sie überall mitzunehmen. Sie würde sich jetzt auch viel lieber mit ihren Freundinnen treffen. Ihre beiden Lieblingsfreundinnen waren schon richtig sauer auf sie, weil sie immer die Vierjährige mit im Schlepptau hatte, die dauernd quengelte oder volle Aufmerksamkeit forderte. Sie war ein richtiger Störenfried, diese Schwester, die einfach nicht das machte, was sie sollte. Durch das ständige Zusammensein mit den Teenagern, war sie schon richtig altklug geworden. Alles wusste sie besser, obwohl sie keine Ahnung hatte.

Ein greller Blitz und ein gleich darauf folgender, beinahe das Trommelfell zerreißender, Donner riss Violetta aus ihren unerfreulichen Gedanken. Sie blickte nach Madita zurück, doch die war verschwunden. Ein eiserner Griff umfasste ihr junges Herz. Wo war sie? Violetta rannte zurück zu der Stelle, wo sie ihre kleine Schwester das letzte Mal gesehen hatte. Sie war weit und breit nirgends zu sehen. Sie rief laut nach Madita, aber ein erneuter Donnerschlag übertönte ihre Rufe. Und nun setzte auch noch ein heftiger Regen ein, die großen Tropfen schlugen prasselnd auf sie herunter. Wenn es nur keinen Hagel gab, instinktiv sah sie sich nach einem Schutz um. ‚Wo war sie nur, diese unfolgsame, eigensinnige Schwester? Mutter würde sie lynchen, wenn sie ohne sie nach Hause kam.' Sie schluckte und spürte den Kloß in ihrem Hals überdeutlich. Nun kam auch noch der starke Wind dazu. Sie hatte Mühe sich aufrecht zu halten und stellte sich in den Schutz eines riesigen Fichtenbaumes. ‚Mein Gott, die Kleine' fuhr es ihr durch den Kopf, sie konnte bei diesem Unwetter geradezu weggefegt werden.' Sie rief panisch wieder und wieder nach ihrer Schwester. ‚Wo war sie nur? Sie würde sich zu Tode ängstigen. Vielleicht hatte sie sogar ein Blitz getroffen. Wahrscheinlich lag sie weinend auf den Waldboden ins Moos gekrallt. Geschah ihr recht! Wie konnte sie ihrer großen Schwester nur soviel

Kummer bereiten.' Das Unwetter dauerte nur zehn Minuten, aber Violetta fühlte sich wie ihre eigene Großmutter als es vorbei war. So sehr nahm sie das Verschwinden von Madita als Last in ihre Seele. Sie betete nicht oft, aber in diesen zehn Minuten hatte sie alle Gebete, die sie kannte, herunter gebetet, durchbrochen von verzweifelten Hilferufen an Gott. Insgeheim versprach sie dem Himmel, dass sie nie wieder mit ihrer Schwester schimpfen würde, wenn er ihr nur helfen würde, sie unversehrt zu finden.

Als Wind und Regen nachließen, lief sie laut rufend durch den Wald. Bereits nach zwanzig Metern sah sie ein Rot durch die Sträucher leuchten. Das rote Kleid von Madita, hatte die gleiche Farbe. Violetta stürzte mit bangen Herzen auf das Rot zu und sah ihre Schwester in einer flachen Mulde, vorn über gebeugt, aber offensichtlich lebend. In ihrer Anspannung fing sie an zu schreien: „Was fällt dir ein, du undankbares Geschöpf, wie kannst du… ." Doch sie besann sich ihrer Gebete und Versprechungen und verstummte.

Madita drehte sich um und rief völlig durchnässt, aber strahlend: „Schau Violetta, was ich gefunden habe."

Die große Schwester sah zwei kleine Häslein in den Armen der Kleinen, über die sie sich schützend gebeugt hatte, um sie vor dem starken Regen zu bewahren. Violetta sah in das verzückte Gesichtchen von Madita, wie sie so mit nassen, triefenden Haaren vor ihr

stand, zärtlich die kleinen Tiere an ihre Brust haltend, und eine tiefe Liebe stieg in ihr hoch und sie sagte zärtlich: „Komm Liebes, wir müssen nach Hause"

Die Liebe einer Mutter

„Mein kleines Äffchen, was treibst du denn schon wieder," murmelte die Mutter. „Halt doch mal still, du kleiner Zappelphillipp." – „Wie soll ich dir denn die vielen Stacheln aus der Sohle ziehen?" – „Wo bist du da denn wieder hineingeraten?"

Keine einzige Minute konnte Leopoldi ruhig sitzen, es war als hätte er eine Rakete im Hintern, die ihn immerzu hin und her warf. So schnell wie er sich bewegte, war es kein Wunder, dass er alle Gefährdungen übersah und sich überall stieß und verwundete. Dumm war auch, dass er scheinbar überhaupt keinen Schmerz wahr nahm.

Die meisten Menschen begriffen gar nicht, dass das eine Art Fluch war, denn es gab auch keine Warnung vom Körper, an der erkannt werden konnte; hier werde ich verletzt. Vielen verständnislosen Menschen waren sie schon begegnet, die sich sogar darüber amüsierten, wenn Leo seine Hand in eine Flamme hielt und dabei noch lachte. Sie musste dann wieder viele Tage besonders aufpassen, dass sich die Brandwunden wieder gut unter ihrer Pflege schlossen. Einen Verband auf Leopolds Körperteilen zu befestigen, war eine höchst schwierige Angelegenheit. Keine fünf Sekunden hielt er still, damit sie das Pflaster oder gar einen Verband anbringen konnte. Beinahe laufend war die Mutter hinter ihm her, während sie versuchte, die immer wieder nötigen Verbände anzubringen.

Es war schon anstrengend mit ihm, aber sie liebte ihr 'Äffchen' - wie sie ihn immer liebevoll nannte. Sie hatte ihn ja geboren, und schließlich konnte er nichts dafür, dass er diese Krankheit hatte, die ihn ständig zu unwillkürlichen Bewegungen veranlasste. Seine Mutter war davon überzeugt, dass es an den Umständen der Geburt lag, dass er so geworden war. Sie waren nämlich gerade auf der Flucht vor den Schergen der Miliz, als sie in die Wehen kam. Sie musste, trotz der Schmerzen, weiter – manchmal auf allen Vieren. Es war lange nicht möglich anzuhalten, um die Geburt stattfinden zu lassen. Sie war davon überzeugt, dass diese Todesangst, das Weglaufen vor den mordlustigen Verfolgern, ihm dieses Leiden zugefügt hatte, unter dem er bis heute litt.

Trotz allem, - sie liebte ihn unaussprechlich. Sie allein wusste, dass er ein reines, liebevolles Herz hatte. Sie spürte es immer am Ende des Tages, wenn er abgekämpft und müde, in ihre Arme flog und sie ihn wiegte und wiegte und wiegte - bis er einschlief. Sogar im Schlaf zuckten seine Glieder noch, und er stieß seltsame Laute aus. Dann saß sie immer noch lange an seinem Bett und betrachtete ihn liebevoll, sah das wunderschöne Lächeln auf seinem Gesicht und konnte nicht verstehen, dass sein Vater ihn schon vor 30 Jahren verlassen hatte.

Vergangene Orte

Alina lief durch den verlassenen Ort. Die Häuser sahen zerfallen aus, die Gärten waren vom Unkraut überwuchert. Irgendwie trostlos war der Eindruck, den ihr früherer Heimatort ihr vermittelte. Sie fragte sich ernsthaft, seit wann die Menschen hier verschwunden waren und was der Anlaß gewesen sein könnte. Wenn sie an ihre Kindheit zurück dachte, fielen ihr nur Menschen ein, die so festgefügten Charakters waren, dass sie wohl niemals freiwillig ihr Zuhause verlassen hätten. Es musste wohl etwas Dramatisches passiert sein. Sie suchte angestrengt nach Straßennamen. „Blumenbüttel 14" war ihre Adresse gewesen.

Die Straßennamen, die sie von Schlinggewächsen befreite, konnte sie entweder nicht mehr entziffern oder die Namen waren ihr unbekannt. Sie war erst acht Jahre gewesen, als sie von dort umgezogen waren, und Kinder haben eine sehr selektive Wahrnehmung, - das was sie lieben oder das was ihnen Angst macht, bleibt ihnen in Erinnerung. Sie irrte weiter durch die verwilderten Straßen und ließ sich immer wieder ablenken, weil so wunderschöne Gewächse zwischen dem brüchigen Kopfsteinpflaster empor wuchsen. Es war Unkraut, aber für sie gab es so einen Ausdruck nicht. Alles was wuchs ob Flora oder Fauna, hatte für sie eine eigene Schönheit und so kam sie aus dem Staunen gar nicht mehr heraus. Die Pflanzen waren hier die Herrscher und das lohnten sie dem Beobachter durch bizarre Blüten und Überwachsungen. Manche der Häuser waren so überwuchert von Knöterich, Efeu, und wildem Wein, dass es schwer fiel sie von riesigen Büschen zu unterscheiden.

Sie lief weiter durch die verwunschenen Straßen und Gärten, als sie stutzte. Hatte sie da nicht eine Gestalt gesehen? Langsam ging sie auf die Stelle zu, wo sie die Bewegung eines vermeintlichen Wesens gesehen hatte. Sie öffnete das vermoderte, halbierte Gartentor, -

die Scharniere quietschten schmerzensreich, - und ging auf das Haus zu. Es war wild mit Blauregen überwuchert. Teile der blauen traubenähnlichen Blüten wurden ab und zu von einem Windstoß mitgenommen und schwebten einige Meter durch die Luft, ehe sie sich sachte auf die Erde legten. Alina genoss diesen Anblick und vergaß fast, warum sie hier in diesen Garten gekommen war. Sie spürte den tiefen Frieden, der von dieser Umgebung ausging. So stand sie mit ausgebreiteten Händen, ehrfurchtsvoll im Sonnenlicht, während rund um sie her der blaue Blütenregen niederging.

Sie blickte schließlich zu dem märchenhaft aussehenden Hause hin, die ehemals hellblaue Farbe blinkte noch zwischen den einhüllenden Gewächsen heraus. Da fiel ihr Blick auf eine hell gekleidete Person. Es war ein Mann. Irgendwie kam er ihr bekannt vor und sie grüßte ihn freundlich. Er antwortete ihr: „Schön dass du endlich gekommen bist!" – Alinas Gehirn schlug Purzelbäume. Kannte er sie? So sehr sie sich auch anstrengte, ihr fiel nicht ein, wer er war, obwohl er ihr irgendwie vertraut erschien.

„Darf ich Sie fragen, wer Sie sind?" Aber der Mann sah sie nur durchdringend an und ihr wurde allmählich unheimlich. Sie versuchte ein paar lockere Sätze: „Früher habe ich einmal hier gewohnt. Das ist lange her. Man kann hier gar nichts mehr richtig erkennen. Wie lange ist es her, dass hier niemand mehr wohnt?"

Noch immer stand dieser Fremde nur da, ohne ihr zu antworten. Aus Verlegenheit plapperte sie scheinbar fröhlich vor sich hin: „Sie wohnen immer noch hier? Sind hier noch mehr Menschen? Ich habe früher, als

Kind, hier gewohnt, aber ich erkenne hier fast gar nichts mehr wieder!" Schließlich verstummte Alina und ihr eigener Monolog hallte noch in ihr nach, als sie bemerkte, dass der Mann vor ihr die Hand ausgestreckt hatte und zum Dachfenster zeigte. Sie folgte seinem Blick und da sah sie ein Schwalbenpaar in den Zweigen, ganz dicht vor dem Dachfenster. Erinnerungen fluteten plötzlich auf sie ein. Sie sah sich als kleines Mädchen am offenen Fenster. Sah, wie sie staunend das Schwalbentreiben verfolgte, die ein und ausflogen durch die kleine Öffnung im Blätterwerk. Sah, wie die kleine Alina begeistert die Vorgänge im Nest verfolgte, wie die gelben Schnäbelchen mit lautem Gepiepse aufgesperrt wurden, wenn die Schwalbeneltern sich näherten, um ihnen einen Wurm oder ein Insekt hinein zu stopfen. Stundenlang hatte sie oft das Treiben der Vögel beobachtet. Sie sah in der Erinnerung, wie manchmal der Vater hinter sie trat, sie sanft aber fest umfasste und sie gemeinsam weiter beobachteten. Alina geborgen in Vaters Armen, leicht hin- und her wiegend, wie ein schwankender Baum im Winde. Sie erinnerte sich an diese liebevolle, verständnisvolle Umarmung, mit allen fühlbaren Eindrücken, als wäre es gestern gewesen. Sie spürte noch einmal die ganze Liebe in dieser Geste, spürte ohne große Worte, dass er sie geliebt hatte.

Alina war nun wieder in der Gegenwart, aber mitgenommen hatte sie ein Gefühl von Traurigkeit über den Verlust des Vaters, der bei einem Auslandseinsatz als Reporter ums Leben kam, als sie noch nicht einmal Neun war.

Sie blickte sich um, aber der Mann war verschwunden und plötzlich wurde ihr klar, dass ihr dieser Augenblick noch einmal geschenkt worden war, und dieser Mann offenbar der Geist ihres Vaters gewesen war, der ihr noch einmal zeigen wollte, an diesem Ort, dass er sie geliebt hatte und immer noch liebte.

Die Rückkehr

„Freut mich dich zu sehen, habe so lange auf dich gewartet". Ihre Augen sprachen diesen Satz ganz deutlich. Aber niemand merkte es. Sie verschlang ihn mit den Augen. Wärme breitete sich in ihrem Herzen und über den ganzen Körper aus. So oft schon hatte sie sich in Tagträumen diesen Moment des Wiedersehens vorgestellt, aber die Wirklichkeit war noch viel überwältigender, als die Träume es ihr vermittelt hatten. Es war unbeschreiblich, es war, als hätte er erst gestern das Dorf verlassen und käme gerade von einem Ausflug zurück. Ihre Knie waren ganz weich geworden, von der Intensität ihrer Gefühle. Sie kamen in Wellen, und es fehlte nicht viel, und sie wäre zu Boden gesunken.

Als er sie ansah, - nein ihren Blick suchte, – schlug sie schnell die Augen nieder. Zu sehr fürchtete sie, er könnte alles darin lesen. Als sie nach zwei Minuten gefasst die Augen wieder hob, war er bereits umringt von seinen früheren Freunden, der Blick zu ihm war verstellt und sie fast erleichtert.

Die Gruppe der Männer, die ihn umringt hatten, entführten ihn zum Lagerfeuer. Im Wiederschein der

Flammen erkannte sie seine markanten Gesichtszüge und sah, dass sie noch schärfer geschnitten waren als vor zwölf Jahren.

Ihre Tochter schlief im Haus, und sie machte sich auf den Weg dorthin, um nach ihr zu sehen, aber auch um zu entkommen.

„Eluna" rief eine Stimme hinter ihr her. Diese Stimme, sie schnitt tief in ihr Herz, schon wieder gaben ihre Knie nach. Einen Moment lang unterdrückte sie den Impuls zu fliehen, sie wollte ihm ausweichen, und vor allem diesen – ihr den Atem raubenden – Gefühlen. Doch sie blieb stehen und drehte sich langsam um. Sie sahen sich in die Augen, und da erblickte sie seine verhaltene Freude, aber auch seine Angst vor ihrer Reaktion. Sie konnte regelrecht lesen in diesen blitzenden und zugleich scheuen Augen. Es war, als hätte sie eine Antenne ausgefahren, mit der sie wahrnehmen konnte, was in ihm vorging. Sie spürte seine Neugierde, seine Freude – seine Liebe, aber auch seinen Schmerz. Sie wusste nicht, warum er damals einfach verschwunden war, ohne ein Wort.

„Mami, wo bist du?" Sie blickten beide in die Richtung aus der die Stimme zu hören war und sahen eine kleine Gestalt im Nachthemd, die den Hang hinunter lief. Eluna breitete die Arme aus und fing ihre Tochter auf. „Das ist Lana, sie ist elf Jahre alt" stellte sie ihm ihre Tochter vor, – und zu Lana sagte sie: „Das ist Hunter, er war lange fort". Hunter blickte erstarrt auf Eluna, dann auf Lana und wieder zurück. Er war unfähig zu sprechen und nachdem sich seine Starre langsam löste murmelte er: „Elf Jahre, mein Gott, elf Jahre".

Das ungleiche Paar

„Jetzt freu dich doch" – mahnte Erlandus seine Frau, „immer bist du so griesgrämig – warum bloß? Was fehlt dir denn zu deinem Glück, du hast doch alles." Lindana schüttelte nur den Kopf und gab keine Antwort. Im Stillen dachte sie: „Du Tor, was weißt du schon" und erklomm mühsam die letzten Meter auf dem Hang. Erlandus verstand seine Frau nicht, warum war sie nicht glücklich? Er gab sich solche Mühe und las ihr jeden Wunsch von den Augen ab. Das Einzige, was er ihr nicht geben konnte, wozu sie beide nicht fähig waren, war gemeinsam Kinder zu bekommen. Natürlich schmerzte ihn das auch, aber um nichts in der Welt hätte er eine andere Frau genommen. Er war, trotz dieses Umstandes, sehr glücklich, und er fand auch, dass sie prächtig zusammen passten. Sie war ausnehmend hübsch in ihrem schillernden Blau. Nun – in seiner Verwandtschaft, waren sie alle dagegen gewesen: „Das geht doch nicht! Ihr könnt euch nie vermehren! So was tut nicht gut! Schuster bleib' bei deinen Leisten! Ihr werdet schon sehen, Gott wird euch strafen!". So ging es die ganze Zeit. Es war so schlimm, dass sie sich entschlossen, wegzuziehen. Aber jetzt waren sie schon vier Jahreszeiten von seiner Heimat weg. Diese ständigen negativen Reden hatten aufgehört, und es gab wirklich keinen Grund traurig oder sauer zu sein. Den ganzen Tag konnten sie sich auf dem Weinberg tummeln, und jetzt im Hochsommer, wo manche Trauben schon voll herangereift waren, hatten sie praktisch ein Schlaraffenland. Sie konnten, die bereits schon etwas frühreifen Weintrauben, vertilgen und sich den Bauch mit diesen wunderbar schmeckenden, gärenden Früchten voll schlagen und ihren Schwips dann anschließend im Schatten der großen Blätter ausschlafen. Es gab so gut wie niemanden, der sie hier störte oder gar bedrohte. Im Schutze der langen Reihen der Weinpflanzen ließ es sich ungestört verweilen. Man hatte schließlich gelernt, sich auch vor der Entdeckung des Weinbergbesitzers zu schützen, der ab und zu auf Stippvisite kam. Er hatte sie auch noch nie entdeckt. Seine Frau nippte gerade an einer überreifen blauen Traube und er tat es ihr nach.

Kurz danach lagen sie halb betrunken im hohen Gras – die blau schimmernde Mistkäferin neben dem tiefschwarz-glänzenden Hirschkäfer - und ruhten sich lange aus.

Schweigende Begegnung

„Wer ist denn das nun wieder? Der Name sagt mir auch nichts. Gut, dann stelle ihn mir doch vor". Clara war genervt. Wen sollte sie denn noch unbedingt kennen lernen. Ihre beste Freundin meinte es gut. Sie wollte sie unbedingt ‚an den Mann bringen'. ‚Verkuppeln', weil sie schon seit vielen Jahren allein lebte. Das wäre nicht gesund, meinte sie. Was wusste die schon von dem, was für sie gesund war. Sie glaubte, dass sie eine gute Freundin war und genau wusste, was sie brauchte. Aber das wusste sie ja selbst nicht einmal. Gut, sie war schon lange allein, die letzte Beziehung war ziemlich schief gelaufen und sie war froh, als sie endlich von diesem Partner getrennt war, nein sie war erleichtert gewesen. Das Alleinsein war ihr danach wie eine Erlösung vorgekommen und sie lebte total auf. Es war eine Art Glückseligkeit in ihr aufgetaucht, und das Leben war mit einem Mal plötzlich so einfach und leicht. Frühere Interessen tauchten auf und sie hatte endlich Zeit für sich selbst. Das tat ihr gut! . Obwohl diese Freundin es gut meinte, waren ihr diese Treffen mit fremden Männern lediglich lästig. Sie tat es dieser Freundin zuliebe, die sich nicht vorstellen konnte, dass man ohne Mann auch glücklich sein konnte.

Lustlos machte sie sich vor dem Spiegel ein wenig zurecht, aber alles sperrte sich in ihr, – sie wollte sich nicht herausputzen. Diese Männer aus den letzten Monaten waren es gar nicht wert gewesen, dass man seine Zeit mit smalltalk verbrachte und schon gar nicht, dass man sich für sie zurecht machte. Aber sie brachte es einfach nicht übers Herz, ihrer Freundin eine Absage zu erteilen, wo sie es doch so gut meinte. Sie musste dringend lernen, auch einmal nein zu sagen. Dies würde die letzte Verabredung sein, die sie gegen ihren Willen zuließ.

Sie hörte wie ein Wagen vorfuhr und lief schnell zur Türe. Ihre Freundin brachte sie in das verabredete Lokal und wünschte ihr viel Glück. Sie betrat das freundliche, helle Cafe, setzte sich an den einzig freien Fensterplatz und schaute auf den gepflegten Garten hinaus. Die gelbe Rose als Erkennungszeichen, hatte sie vor sich auf den Tisch gelegt. Vielleicht kam er ja gar nicht, überlegte sie und bestellte beim Kellner einen Cappuccino. Während sie, völlig in Gedanken versunken, in der Tasse rührte, bemerkte sie gar nicht, dass ein großer kräftiger Mann neben ihr stand und sagte: „Sie sind sicherlich meine Verabredung". Sanft legte er seine gelbe Rose neben die ihre und fragte, ob er sich setzen dürfe. Sie nickte und beobachtete den hünenhaften Mann, wie er Platz nahm.

Er blickte ihr offen, ohne Scheu in die Augen und lächelte sie an. Irgendetwas Geheimnisvolles war an ihm, sie konnte es nicht benennen, aber sie nahm es deutlich wahr. Er schwieg eine Weile und sah sie nur an, allmählich wurde sie nervös und sie wollte etwas sagen, irgend etwas Belangloses. Aber er legte seine linke Hand auf die ihre, und den Zeigefinger der Rechten an seine Lippen. Sie fügte sich, entzog ihm ihre Hand nicht und sagte kein Wort. Es war ihr, als wäre die Zeit stehen geblieben. Dieser Mann vor ihr, war ihr plötzlich auf so seltsame Art vertraut, dass sie es kaum glauben konnte. Sie erwiderte seinen Blick lange und verlor alle Unsicherheit. Es schien mit einem Mal die natürlichste Sache der Welt, sich nur anzusehen.

Als der Ober wiederkam um seine Bestellung entgegenzunehmen, ignorierten ihn beide völlig.
Ohne den Blick voneinander abzuwenden, blieben sie schweigend sitzen. Der Kellner verließ kopfschüttelnd den Tisch. Zwei Monate später heirateten die beiden, und nun hatten sie sich viel zu erzählen.

Der Philanthrop

Gernot ging ruhig durch die Straßen. Die Häuser lagen verlassen da. Keiner wollte sich, ohne zwingenden Grund, draußen bei der Hitze aufhalten. Aber ihn störten die 37 Grad im Schatten kaum. Auf seinen vielen Reisen, im Laufe seines Lebens, war er auch schon in der Wüste gewandert, und machte sich aus diesen Temperaturen hier nicht viel.
Obwohl er bereits über neunzig Jahre alt war, schritt er kräftig aus und seine Gestalt glich, zumindest von weitem, eher einem Vierzig-Jährigen. Aus der Nähe allerdings, wenn man in das braungebrannte Gesicht blickte, sah man die vielen Krähenfüße um die Augen herum und auch um den Mund hatten sich tiefe Furchen eingegraben. Doch seine Augen blitzten wie die eines Jünglings: wach, sprühend und freundlich blickten sie jeden an, der sich ihm näherte. Sein Blick war intensiv und nahm alle in seinen Bann, er war von einer

beinahe unheimlichen Präsenz.

Jeder der mit Gernot zu tun hatte, erfreute sich an dieser uneingeschränkten Aufmerksamkeit, die ihm in seiner Anwesenheit zu kam. Dann fühlte sich sein Gegenüber wie der wichtigste Mensch auf der Welt. Diese absolute, zeitlose Zuwendung allein schon wirkte auf die Rat- und Hilfesuchenden wie ein Wunder, und manch' einer fühlte sich davon bereits geheilt oder sah seine Not um vieles gelindert. Gernot war auch ein wunderbarer Ratgeber und Tröster. Durch seine absolute Zugewandtheit begannen die Verzagten, ihm ihre Herzen auszuschütten.

Wenn die Hilfesuchenden dann ihr Herzensgefäß ganz bei ihm entleert hatten, kamen, nach einiger Zeit Schweigen, immer wunderbare, erhellende Worte aus Gernot. Es waren keine großartigen Reden oder weise Sprüche, sondern wenige Worte, die das Gegenüber mitten ins Herz trafen, weil sie von einer so großen Seelenweisheit und Einfachheit waren, dass sich der Suchende voll erkannt und verstanden fühlte. Danach wenn sie Gernot nach solchen Gesprächen verließen, fühlten sie sich hoffnungsvoll, geborgen und voller Dankbarkeit, und fast immer fand Gernot am nächsten Tag, ein paar Früchte, ein frisch gebackenes Brot, oder sogar ein paar Dinar vor seiner Türe.

Die Menschen hier waren arm und versuchten, ihre Erleichterung über die kostenlose Hilfe auf ihre ihnen mögliche Art zu zeigen.

Wenn Gernot am Morgen die Gaben vor seiner Türe mit einem Lächeln einsammelte, wusste er, dass er wieder heilsam auf die Seelen eingewirkt hatte. Dieses Wissen war ihm eigentlich Lohn genug, aber ihm war klar, dass freiwilliges Geben ein wichtiges Gut war, und so nahm er diese Naturalien und kleinen Geschenke gerne an.

Er hatte gerade seine Mittagsrunde durch das Dorf beendet, war zurück gekehrt in sein karges Zuhause und dachte fast bedauernd: „Heute hat mich niemand gebraucht." Er beruhigte aber sein Gemüt in dem er sich sagte, dass es heute allen gut ging. Da klopfte es zart an seine Holztüre. Gernot öffnete sie und sah ein junges Mädchen mit gesenktem Kopf vor sich stehen. „Komm herein Liebes, hier drin ist es kühler," forderte er sie auf. Er zeigte auf das Kissen und sie nahm zögerlich darauf Platz. Schweigend saßen sie sich gegenüber. Lange dauerte es, bis das Mädchen den Blick heben und ihn zaghaft anschauen konnte.

Aber als die Augenverbindung erst einmal hergestellt war, spürte man förmlich, wie sich Erleichterung im Körper des Mädchens ausbreitete. Der weise Mann ihr gegenüber fing an zu sprechen, obwohl er das sonst nie tat, ehe ihm nicht seine Besucher ihr Anliegen vorgebracht hatten. Aber ihr langes Schweigen und ihr ganzes Verhalten war so beredt, dass er genug zu wissen glaubte. „Liebe junge Frau, ich weiß deinen Namen nicht. Aber deine Seele hat deutlich zu mir gesprochen. Ich antworte dir zu deinen beiden Problemen und sage ein zweifaches Ja. Ich sage ja, du kannst dein Kind hier zur Welt bringen. Und ich sage ja zu deinem Anliegen, meine Schülerin zu werden. Ich freue mich. Einen Schüler oder eine Schülerin wünsche ich mir schon seit langem. Also nimm den Teppich da drüben, lege ihn auf die Erde dort hinten und belebe diese Hütte so, dass sie dir und deinem Kind ein Zuhause wird.

Zwölf Jahre später öffnete jeden Morgen ein elfjähriger Junge die Türe und rief dann meist: „Mutter, heute sind es die schönsten Früchte, die du dir vorstellen kannst", und er trug den Korb hinein. Und Gernot lächelte sein liebevollstes Lächeln, - von ganz oben herab.

Ewig junge Liebe

Schon wieder –, keine Ruhe hatte man bei dieser Frau. Immer brauchte sie Ansprache, Rat oder Hilfe. Wann würde sie erwachsen werden? Vor 40 Jahren, als er sie heiratete, war sie noch ein sehr junges Mädchen, da dachte er ständig, dass sich dies und jenes noch geben würde, wäre sie erst einmal älter. Aber sie blieb so kindlich, infantil, naiv und nach Aufmerksamkeit heischend, wie sie damals war, als er sie kennen und lieben gelernt hatte. Nun, er liebte sie immer noch — nur, — inzwischen waren ihre Allüren für ihn viel anstrengender geworden, — um nicht zu sagen nervtötender. Ob wohl auch er schuld daran war, dass sie sich einfach nicht zu einer selbständigen Frau entwickelt hatte? Es war wohl zu spät um sich solchen Gedanken hin zu geben, da hatte er sicherlich seinen Part versäumt. Er würde wohl bis zu seinem Lebensende ein Kind zur Frau haben. Vielleicht hätte er ihr nicht immer nachgeben sollen, als sie immer tausend Ausreden erfunden hatte, warum sie zu diesem Zeitpunkt kein Kind haben wollte. Sie wünschte, mal zu reisen, diesen oder jenen Sport zu machen. Dann hatte sie vor ihre Ausbildung zu Ende zu bringen (zuerst das Studium der Archäologie, das sie nie beendet hatte, dann die fixe Idee eine Boutique für Mode-Schmuck, die ein totaler Flop wurde). Manchmal hatte sie wieder Angst, durch eine Schwangerschaft ihren schönen Körper zu verderben, dann wieder war es die Angst vor Schmerzen bei der Geburt. Immer war ihr irgend etwas viel wichtiger gewesen. Er hatte ihr ständig nachgegeben und gedacht, es wird schon noch kommen. Ja, es war schon wahr, was Freunde ihm seit Jahren spiegelten: Sie war wirklich sehr verwöhnt und wickelte ihn um den kleinen Finger. Jetzt, — 40 Jahre später, - war es ein für alle mal zu spät und das einzige, was sie zur Familienvermehrung beigetragen hatte, waren ständig neue, arme, vernachlässigte Hunde und Katzen, die sie entweder irgendwo auflas oder aus den überfüllten Tierheimen holte.

Als er seine geliebte Angetraute rufen hörte: „Liebster, sieh doch, was Janko wieder gemacht hat", erhob er sich seufzend und schwerfällig, - inzwischen war er ja auch nicht mehr der Jüngste, mit seinen 74 Jahren, und stieg die Treppe hinunter. Er sah die Lache auf den schneeweißen Fliesen des Flurs, — "Mach' es bitte weg, es stinkt so" jammerte sie näselnd mit zugehaltener Nase. Er blickte dieser 120 Kilo schweren Frau in die strahlenden, blauen Augen und sah ein, dass sie sich unmöglich, mit all den Pfunden, bücken konnte und holte den Scheuerlappen.

2. Kapitel: Seelenberührungen

Sprechende Rosen

Meine Güte, Klara lief schon wieder hinunter. Wann würde sie wohl damit aufhören. Erasmus schaute ihr traurig nach. Er wusste nicht wie er diesem Kind helfen sollte. Klaras Mutter war nun schon seit einem halben Jahr tot, und die Kleine konnte es immer noch nicht glauben. Stundenlang saß sie unten auf den Treppenstufen der langen Steintreppe, die hoch zum Haus führte. Dort war sie vor ihrem Tod schon immer lange gesessen, wenn sie auf ihre Mutter wartete, die von der Arbeit oder vom Einkaufen kam.

So oft hatte er es ihr schon erklärt, dass ihre Mam einen schweren Autounfall gehabt hatte, bei dem sie gestorben war. Sie hatte zwar noch ein paar Tage im Krankenhaus auf der Intensivstation gelebt, aber er fand es damals besser das siebenjährige Mädchen nicht mit dem Anblick zu beschweren, den er selbst schon unerträglich empfand. Vielleicht war es ein Fehler gewesen, vielleicht hätte sie es eher glauben können, wenn sie ihre Mutter an all den Schläuchen und mit den vielen Verbänden gesehen hätte. Aber es wäre ein solcher Schock gewesen, so dachte er, und er wollte sie davor bewahren. Aber inzwischen zweifelte er immer öfter daran, ob seine Entscheidung von damals richtig gewesen war. Er sah vor seinem inneren Auge, wie Klara und er hinter dem geschlossenen Sarg hergingen. Man sah ihr nichts an, keine Traurigkeit. Sie kickte die Kieselsteine während des Grabganges vor sich hin und hüpfte unruhig an seiner Hand auf und ab. Damals dachte er erleichtert: „Sie versteht es zum Glück nicht". Aber inzwischen war er sehr unsicher geworden, ob das damals alles so gut gelaufen war. Den ganzen Sommer nun schon lief die Kleine nach dem Essen die vielen Stufen hinunter und saß entweder singend da, redete vor sich hin oder hüpfte auf den untersten Treppenstufen.

Seufzend machte er sich wieder einmal auf zum untersten Ende der Treppe. „Guck, die schönen Rosen. Riech mal! Riechen sie nicht wunderbar? Mama findet das auch," rief sie ihrem Vater schon von weitem entgegen. Der verbesserte sie gleich: „Ja, als die Mama noch lebte, hat auch sie immer gerne daran gerochen!" Unbeirrt plapperte die Kleine weiter. Im Singsang flötete sie den Abzählreim „Eins, zwei, drei, und du bist frei," zuletzt zeigte sie mit dem Finger auf eine imaginäre Person ihr gegenüber und wiederholte laut: „Du bist frei! Du bist frei, du bist frei..." Während sie die drei Worte immer wieder rief, wurde ihre Stimme immer lauter. Es schnitt ihm ins Herz und schnell nahm er seine kleine Tochter in die Arme. Die machte sich aber los und sah ihn vorwurfsvoll an: „Sie ist frei! Doch, ist sie!"

Mit leiser Stimme redete Erasmus auf sie ein: „Sie ist tot Liebes! Bitte glaube mir, sie ist tot. Sie kommt nie mehr wieder. Du kannst hier nicht immer sitzen Liebes!" Klara hielt mit dem Hüpfen inne und sprach nun mit völlig veränderter Stimme, wie eine kleine Erwachsene: „Du weißt gar nichts!" Dann hielt sie sich die Ohren zu und sprang die Stufen hinauf, ihm davon. Schweren Herzens schickte er sich an ihr zu folgen, als ein Rauschen durch die Rosen fuhr. Er drehte sich rasch um. Er sah nichts, nur die Rosen nickten mit den Köpfchen, aber ein Schauer lief seinen Rücken hinunter und er hatte das dringliche Gefühl, das jemand ganz nah war. Der Wind begann gerade wieder in die Rosen zu streifen und er hörte ein leises Wispern. Es klang wie „ich bin frei".

Die nächsten Tage sah man Erasmus und Klara, beide gemeinsam unten auf den letzten Treppenstufen sitzen, genau vor den Rosen, und ein guter Beobachter konnte sehen, dass die Rosen nickten , - und das trotz der totalen Windstille.

Schöner Vogel

Wieder war Valerie auf den Baum gestiegen. Es war eine große Eiche mit weit ausladenden Ästen, bestimmt 15 Meter hoch. Sie schlüpfte ganz hoch, fast bis an die Spitze, dort wo die Äste sie gerade noch trugen. Auf diesem Platz oben fühlte sie sich fast wie ein Vogel. Der Wipfel der Eiche wiegte sich sanft hin und her, und wenn sie die Schwingung mit ihrem Körper etwas verstärkte, kam sie sich vor wie auf einer Schaukel.

Sie blickte um sich. Die Ebene breitete sich im Norden und Osten vor ihren Augen aus. Im Süden lag die Schule und im Westen ihr Zuhause. Schnell richtete sie wieder den Blick woanders hin. Sie wollte jetzt nicht an ihr Zuhause denken, und auch nicht an die Schule. Hier oben wollte sie bleiben - für immer. Sie schaute unter sich. Der Eichenbaum stand auf einer mit Stacheldraht umzäunten Weide, auf der Kühe grasten. Manchmal sahen sie kauend und glotzend hinauf zu ihr, und sie schrie ihr ‚Muh' zu ihnen hinunter. Eines der braunweiß gescheckten Tiere scheuerte sich gerade an dem meterdicken Stamm, und sie spürte die Schwingung, die dadurch entstand, bis hinauf in die Baumspitze. Sie fühlte sich prächtig, über allem erhaben, alles Sorgenvolle wurde hier oben ganz klein. Valeries Blick fiel auf den Kirchturm und sie erinnerte sich an den Kirchenchor. Sie begann das „Ave Verum" zu singen. Erst zaghaft, dann immer kräftiger und je länger sie sang, desto befreiter fühlte sie sich. Schließlich schmetterte sie es in die Umgebung, als ginge es um ihr Leben. Sie liebte dieses Lied, das sie schon vor einiger Zeit im Chor gelernt hatte. Wieder und wieder sang sie es, und sie verschmolz mit dieser Melodie, wurde eins mit diesem Klang, und alles andere fiel von ihr ab. Valerie fühlte sich nach diesen Baumsitzungen immer wundervoll leer und gleichzeitig geborgen. Alles um sie herum hatte sich dann verändert, lag friedlich und zugleich heller da. Die Leichtigkeit in ihrer Seele beflügelte sie so sehr, dass sie die Arme ausbreitete und sich vorstellte, zu fliegen wie der Bussard, der gerade über ihr seine Kreise zog.

Auf dieser Höhe, – lediglich festgeklammert mit den Beinen auf einem der Äste zu sitzen, die Arme ausgebreitet, den Flügelschlag nachahmend, – war gefährlich, aber sie liebte dieses Gefühl und nahm die Gefahr gar nicht wahr. Dann, oft erst nach Stunden, begann sie den Abstieg, - wartete ab, bis sie zu den Kühen einen angemessenen Fliehabstand hatte. Dann schwang sich vom letzten Ast herunter und landete nach dem halben Meter, der noch fehlte, weich am Boden, - sorgsam die Kuhfladen vermeidend.

Sie rollte sich unter dem Stacheldraht durch, klopfte sich das Kleid sauber und trödelte langsam den Weg zum Dorf zurück. Mit jedem Schritt kehrte das altbekannte klamme Gefühl in ihren Eingeweiden immer mehr zurück.

Sie blickte wehmütig hinter sich, zu der freistehenden Eiche, die jetzt ganz klein erschien. Morgen würde sie sich wieder fortstehlen, morgen ….

Schmetterlinge

Seltsam war das anzusehen. In allen Farben und Farbtönen leuchteten die Schwärme von diesen wunderschön anzusehenden Insekten. Insekten, was für ein hässliches Wort für so schöne Traumgeschöpfe.
Malika stand da mit weit geöffneten Armen und staunte über diese Vielfalt. Auf ihren Handflächen, Schultern und auf ihren Haaren hatten sich viele der Schmetterlinge niedergelassen. Sogar auf ihrer Nase saß ein prächtiger hellblauer Falter mit riesigen Augenabbildungen. Malika wagte nicht zu atmen, schielte auf das vibrierende Geschöpf und glitt in eine Art Trance, wurde selbst zu diesem Schmetterling, dessen blaue Flügel sich schlossen und öffneten. Jedes Schwingen wurde zu ihrem Atem und sie fühlte sich federleicht und frei. Malika vergaß, dass sie ein Mädchen war, vergaß, dass ihre Hautfarbe braun war, vergaß dass sie menschliche Bedürfnisse hatte, - zum Beispiel zu atmen, - und sich zu bewegen, in diesem menschlichen Körper. So stand sie endlos lange, völlig entrückt durch die Verwandlung in ein pastellblaues Flügeltier, atemlos, bewegungslos. In diesen Sekunden, vielleicht Minuten blieb für Malika die Welt, wie sie sie kannte stehen und auch die Zeit wurde dehnbar. Sie spürte wie ihre Seele vereint mit diesem Schmetterlingsdasein, wie ihre ganze Energie, in das sanfte Pumpen der Flügel, hinüber glitt und sie spürte die Freiheit vom körperlichen Dasein. Entrückt von jeglichen Körpergefühlen, in völliger Freiheit, schwebte sie schließlich mit dem leichten Geschöpf

glücklich davon, als es sich endlich von ihrer Nase erhob.

Von oben sah sie kurz die uninteressante Gestalt eines acht-jährigen Mädchens, das mit erhobenem Kopf und ausgebreiteten Armen reglos da stand. Sie schwebte weiter in ihrem wunderschönen, leichten Schmetterlingskörper, ließ sich vom Winde tragen und flog tanzend von Blüte zu Blüte, sog die lieblichen Düfte ein und saugte zart an den mit Blütenstaub überzogenen Stempeln der Blumen.

Plötzlich spürte der hellblaue Schmetterling ein seltsames Zittern und Kribbeln, es wurde stärker und beherrschender, kaum noch aushaltbar und sie flog wie trunken durch die Lüfte, wurde angezogen von diesem vorhin achtlos zurück gelassenen Körper, der sie nun immer mehr in Bann zog. Sie flog auf ihn zu, wie angesogen und in atemberaubender Geschwindigkeit verschmolz sie mit dem, nun zuckend im Grase liegenden, Kinderkörper.

Malika lag zwischen großen Halmen auf der Erde, immer noch die Arme ausgebreitet und spürte dieses ungewohnte Kribbeln in jeder Pore. Der Schmetterlingsschwarm war nur noch in der Ferne zu sehen und sah aus wie eine bunte Wolke.

Je länger sie ruhig im Grase lag und ihren tiefen Atem wieder spürte, desto ruhiger wurde sie und das Kribbeln ließ immer mehr nach.

Lange noch blieb sie dort im Gras liegen, genoss die tiefe Ruhe in sich und die Sonnenstrahlen auf ihrer Haut, bis sie einschlief.

Malika erwachte von einem dicken einzelnen Regentropfen auf ihrem rechten Augenlid. Sie blinzelte durch das linke Auge und sah über sich eine dunkle Wolke.
Im nächsten Augenblick prasselte der Regen auf sie herab und sie sprang schnell auf um nach Hause zu laufen. Die Regenzeit hatte begonnen und die Schmetterlinge würden in diesem Jahr nicht mehr wiederkommen.

Walhalla

„Froh zu sein bedarf es wenig, denn wer froh ist, ist ein König ..." Dieser Kanon hallte irgendwie in ihr nach. Lange hatte sie ihn nicht mehr gesungen. Sie hatte geglaubt nicht mehr singen zu können – so lange war es her, dass sie gesungen hatte.

Früher war das anders. Schon von klein auf trällerte sie gerne vor sich hin. Sie wurde bereits mit drei Jahren, – unter Tränen, - eingelernt, die zweite Stimme zu singen. Zusammen mit ihrer älteren Schwester musste sie immer irgendwelche Heimatlieder einüben und sie dann bei den Nachbarn oder auf Festen singen. Sie verstand in diesem Alter überhaupt nicht, was sie sang. Der Sinn der Lieder wurde ihr nie erklärt. An bestimmten Stellen des Textes sollte sie eine Bewegung machen wie um Beispiel einen Hut abnehmen, sich verbeugen, oder als der Gipfel des Watzmanns besungen wurde, – den Arm strecken und himmelwärts zeigen. Alle fanden das immer ganz süß, waren gerührt über die kleine Sängerin und gaben auch reichlich Süßigkeiten ab, die sie sonst eher spärlich erhielt. Manchmal bekamen die beiden Mädchen auch einen Geldschein, den sie dann stolz bei ihrer Mutter ablieferten. Das Ganze war ein wichtiger Beitrag zum Überleben der kleinen Familie, die ohne den Vater zurecht kommen musste. Damit konnte dann endlich einmal wieder der angeschriebene Betrag, – in dem roten Büchlein - beim Kaufmann, - verkleinert und dieser besänftigt werden. So bekamen sie das Brot und die Milch dann auch beim nächsten Mal wieder. Von all dem wusste die kleine Walburga nichts. Sie fühlte zwar die Scham, wenn sie ein paar völlig durchgelaufene Sohlen zum Schuster brachte und der sie mitleidig anschaute. Oder wenn der Kaufmann sie düster betrachtete, sobald sie zur Türe herein kam. Sie verstand aber nicht, warum das so war. Erleichtert sprang sie immer aus den Geschäften wieder heraus, wenn sie ihre Aufgabe: ‚anschreiben zu lassen', erfüllt hatte. Man schickte meist sie, denn ihr würde man, weil sie so niedlich anzuschauen war, schon das Gewünschte geben.

Walburga aber hasste das alles und sie schob alles immer so weit wie möglich aus ihrem Herzen, sobald es getan war. So lebte sie in ihren Traumwelten, die wunderbar waren, dort gab es keine Scham, kein komisches Gefühl, keine Last auf ihrer Seele. In diesen Welten war sie glücklich und überall willkommen. Mehr und mehr lebte sie in diesen Träumen, die sie selber schuf. Je öfter sie in der äußeren Welt in Bedrängnis kam, desto mehr lebte diese innere in ihr auf und wurde bunter, fröhlicher und unbeschwerter.

Als sie mit ihren sechseinhalb Jahren in die Schule kam, hatte sich der Unterschied zwischen den äußeren und inneren Welten so verschoben, dass Burga sie nicht mehr auseinanderhalten konnte. „Sie ist noch nicht reif für die Schule – sie spielt noch zuviel – sie träumt ständig" - hieß es von Seiten der Lehrerschaft.

Mit acht Jahren kam Walburga dann in die Sonderschule. Dort war sie glücklich. Man ließ sie in ihren Welten.

Jetzt, – viele Jahre später, — als der Kanon in ihr widerhallte, während sie die Kugelschreiber bei ihrer täglichen Arbeit in der Anstalt zusammensetzte, war sie es immer noch!

Wüstenfahrt

Es gab Tage, da würde er sich am liebsten in einem Erdloch verkriechen. So einer war heute, und es war ihm eigentlich zum Heulen. Aber ein Mann heult nicht , und was würde es schon bringen. Zusätzlich zu seinen schwarzen Gedanken, schmerzte ihn auch wieder sein Herz. Wenigstens die Enge war heute nicht da, die sich oft wie ein Eisenring um seine Brust legte, so dass er kaum noch atmen konnte. Die vielen Untersuchungen bei den Ärzten hatten nichts erbracht. „Ohne Befund" war immer das Ergebnis. Das war nicht besonders hilfreich. Natürlich war im klar, dass seine Herzschmerzen und die Enge auch etwas mit seiner Situation zu tun hatte. Aber es fühlte sich wirklich äußerst physisch und wirklich bedrohlich an .

Die letzte Zeit brachten ihn seine Herzschmerzen immer öfters dazu Bilanz zu ziehen, und sein Leben zu überdenken. Aber es nützte ja nichts, es war nicht zu ändern oder doch? Nein, er hatte ein Leben ausgelöscht und das war nicht mehr rückgängig zu machen. Zwar war es schon viele Jahre her, genau gesagt schon zwei Jahrzehnte, aber die Situation war für ihn immer noch so frisch wie an jenem Tag.

Er hatte den Wagen zu schnell die schlechten Straßen entlang gejagt und die spielenden Kinder zu spät gesehen. Eines davon erfasste sein rechter Kotflügel. Er spürte immer noch den dumpfen Schlag des Schädels an der Unterseite des Wagenbodens, und im Rückspiegel sah er den kleinen Körper liegen. Er hatte in seinem Schock nicht mal angehalten. Statt auf die Bremse war er auf das Gaspedal gestiegen und weiter gerast, als wäre der leibhaftige Teufel hinter ihm her. Und das war er auch, er verfolgte ihn jetzt zwei Jahrzehnte lang. Da halfen keine Gedankenkonstrukte, dass ein Kind in Afrika nicht viel wert war, dass es vielleicht ohnehin verhungert wäre oder an Malaria gestorben, dass ihm ohnehin nicht mehr zu helfen gewesen wäre....Er war dann weiter gefahren in diesem rasenden Tempo, etwas in ihm suchte nach einem Baum, aber weit und breit war nur Savanne, und Dornenbüsche waren die einzigen Erhebungen. So flog er dahin, längst nicht mehr auf der Straße, die diesen Namen eigentlich nicht verdiente. Bis er schließlich, nahe der Wüste, in einem Sandhaufen gestoppt wurde, mit durchdrehenden Rädern.

Erschöpft lag er wie betäubt auf seinem Lenkrad bis die Sonne unterging. Die folgende Nacht war die Schlimmste seines Lebens. Damals fühlte er zum ersten Mal diesen Blechring um seinen Brustkorb, der ihn nie mehr verlassen sollte.

Am nächsten Tag fand ihn ein Lastwagenfahrer. Er rettete ihn, – nein, er rettete seinen Körper, - seine Seele blieb dort am Rande der Wüste, in jener finsteren, eiskalten Nacht.

Späte Lehre

„Komm Frosch geh weiter" ermunterte der Vater die kleine Tora „wir haben es bald geschafft". Die Sechsjährige schleppte sich an der Hand des hochgewachsenen Mannes weiter. Sie wollte tapfer sein und ihrem Vater keine Mühe machen. Aber die salzigen Tränen liefen ihr schon seit zehn Minuten die Wangen hinunter — er bemerkte es nicht.

Der stattliche Dogon war mit eigenen Gedanken beschäftigt und sah nicht wie sehr er die Kleine überforderte. Er überlegte fieberhaft, wie sie beide den Weg heraus aus der Savannenwüste finden könnten, und hielt nach Zeichen Ausschau, die er kannte. Der Sand in seinem Mund knirschte und er hatte schon keinen Speichel mehr. Das Wasser in der Flasche war nahezu aufgebraucht, und er hatte schon seit fast zwei Tagen keinen Tropfen mehr getrunken, nur die aufgesprungenen Lippen benetzt und so getan, damit Tora es nicht sah. Er musste den Rest für die Kleine aufbewahren, sie würde sonst sterben. Aber das würden sie wohl beide, wenn er nicht schnell herausfand, wo sie waren. Er blickte herab auf die Kleine und sah erschrocken ihre Tränen und nahm sie auf die Schultern, trug sie wortlos weiter. Er war ungeschickt im Reden und Trösten.

Die Sonne stand schon tief, und sie rasteten schließlich hinter einer Düne, die ein wenig Schatten warf. Vater Tourè blickte seinem Töchterchen in die Augen, sie waren traurig und es schnitt ihm ins Herz, als er die Laufspuren vom Weinen in ihrem schmutzigen Gesichtchen wahrnahm. „Tut dir etwas weh?" - Sie nickte. „Wo?" - Sie zeigte auf ihre Füße und er entfernte vorsichtig den Sand darauf. Er sah besorgt auf die Blasen und offenen Stellen. Er konnte nichts tun, er hatte kein Desinfektionsmittel dabei, keinen Verband, nicht einmal ein Pflaster. Sie musste schon lange unter Schmerzen gelitten haben. Er beschimpfte sich innerlich wegen seiner Unachtsamkeit und fragte sich, was er tun könnte um ihren Schmerz zu verringern. Da bat Tora : „Bitte blasen". Er schaute sie verstört an, aber er blies — lange und immer wieder ihre Füßchen. Sie lächelte ihn an und sagte: „weiter". Er konnte nicht verstehen, dass ihr das Blasen ein Lächeln entlockte. Er war wirklich ungeübt in dieser Rolle. Er war der Ernährer, trösten und die Kinder versorgen, war die Aufgabe seiner Frau gewesen, er kannte sich damit nicht aus. Aber nun musste er wohl lernen, beides für seine kleine Tochter zu sein.

Die Sonne war untergegangen und es wurde sehr schnell kühl. Tora trank die Reste Wasser aus der Flasche und er benetzte nur seine Lippen. Sie war müde und er legte den Stoff, den er um seinen Leib trug, um seine fast schon schlafende Tochter. „Sing mir das Lied Popa" forderte sie mit schon geschlossenen Augen. Und er fing an ein Lied zu summen, das er noch aus Kinderzeiten kannte und fast schon vergessen hatte. Er summte, weil er den Text nicht mehr wusste. Aber es reichte, Tora war friedlich eingeschlafen und er summte noch lange.

So lagen sie, — friedlich aneinander gekuschelt und so fand man ihre ausgebleichten Skelette, als vier Monate später eine Jeepkarawane auf sie stieß.

Der Bauer und die Katze

Bauer Krambichler ging über seine Felder. Stolz war er auf sein Lebenswerk. Im Laufe seines Lebens hatte er seinen Besitz ständig erweitert. Wenn er um seine Grundstücke herum lief, brauchte er ganze sechs Stunden, um sie zu umrunden. Heute, bei strahlender Sonne, lief er seine „Jungbrunnen-Runde", wie er humorig seinen täglichen Spaziergang nannte, und freute sich an dem milden Oktobertag. Noch immer sammelten sich Vogelschwärme am Himmel, um in Richtung Süden zu fliegen. Die Ernten waren längst eingebracht und ruhten in der Scheune.

Zufrieden schritt er mit seinem Stock die altbekannten Wege entlang, als er ein Geräusch hörte, das ihm fremd war. Sein Gehör war mit seinen 72 Jahren nicht mehr das Beste, und so konnte er eine Weile nicht erkennen, was es war und woher die Laute kamen.

Schließlich entdeckte er in einer Ackerfurche ein struppiges, kleines Kätzchen, das jämmerlich schrie. Der Bauer nahm es vorsichtig hoch und steckte es in seine innere Jackentasche. Dort passte es wunderbar hinein, so klein war es noch. Bestimmt war es erst drei oder vier Wochen alt. Zum Glück war seine Runde bald zu Ende und er ging mit seiner leichten Last schnellen Schrittes nach Hause. Er hatte schon zwei Katzen, die waren aber die meiste Zeit auf Achse, denn dieser Bauernhof war ein Mäuseparadies. Er sah sie selten, und sie waren auch nicht sehr anhänglich an seine Person, weil er wegen der vielen Arbeit, nie viel Zeit zum Streicheln gehabt hatte. Aber er versäumte es nie, sie täglich zu rufen und die gewässerte Milch in den Napf zu gießen.

Als er mit dem kleinen Kätzchen zu Hause ankam, schälte er das jammernde, kleine Kerlchen aus der Jackentasche und betrachtete es lange. Es war ein Katerchen, und es hatte auch ein kräftiges Stimmchen. Lange konnte es noch nicht in der Ackerfurche gelegen haben, wahrscheinlich hatte es jemand ausgesetzt. Die Farbe seines Felles war nicht zu erkennen. Der Acker war vom Regen des Vortages noch sehr matschig gewesen. Es blieb dem Krambichler nichts anderes übrig als den kleinen Kater zu baden. Trotz heftiger Gegenwehr wusch der alte Mann ganz vorsichtig das Tier im lauwarmen Wasser.

Ein prächtiges rotes Tigerfell kam zum Vorschein, und er trocknete es mit einem Handtuch. Dann setzte er sich ganz nahe an den Kachelofen. Während die beiden da so vereint saßen, schnurrte, nein, knatterte das kleine Kerlchen vor Wohlgefallen und Dankbarkeit. Das Köpfchen schaute aus dem Handtuch gerade noch heraus, und wohlig hatte es die Augen geschlossen. Während dessen machte sich der Bauer viele Gedanken, wie er das kleine Wesen am Leben halten könnte. Er fragte sich, ob es schon fähig war zu trinken, oder ob er es mit der Flasche aufziehen müsste. Auch war es noch viel zu klein, um es so unbewacht herum laufen zu lassen. Es könnte in einen Eimer, eine Ritze fallen, oder sich hinter dem Schrank einklemmen. Er stoppte seine Katastrophen-Gedanken und wollte sich nicht länger all die Gefahren ausmalen. Er würde schon auf das Kleine aufpassen. Er hatte ja den ganzen Winter Zeit. Erst im Frühjahr würden seine beiden Söhne und die Enkel zum bestellen der Felder kommen. Den Winter über war er hier, seit seine Frau gestorben war, schon seit vielen Jahren, die meiste Zeit allein. Dann hatte er eine Idee.

Er holte den Umhängebeutel aus Stoff heraus, mit dem er zum Säen immer auf die Äcker gegangen war. Er packte das schlafende Katerchen mitsamt dem Handtuch dort hinein und hing es sich um. Nun waren keine Weizenkörner darin, aber auch ein wertvoller Samen. In dem Beutel hatte der Kleine es warm und sicher. Ein bisschen fühlte sich der Bauer wie ein Känguru, aber es war wirklich sehr zweckmäßig, und er war schon immer für bequeme Lösungen.

Endlich wachte das Katerchen auf und begann sofort wieder heftig zu schnurren. Der Bauer nahm ihn aus dem Beutel heraus, und setzte ihn auf die Dielen. Tollpatschig und schwankend lief Beutelchen, so hatte ihn der Krambichler genannt, umher und erkundete die neue Umgebung. Die angebotene Milch schleckte er erst einmal vom Finger des alten Mannes, dann schaffte es der kleine Kater sogar, aus dem Napf zu schlabbern. Er würde also überleben, und dem Bauern wurde es ganz warm ums Herz.

Von diesem Tag an trug der Bauer seine winzige, kleine Last die meiste Zeit der folgenden Wochen in seinem Säbeutel umher. Auch auf seiner täglichen ‚Jungbrunnen-Runde' war der Kleine auf diese Weise dabei. In der Wohnung folgte ihm Beutelchen auf Schritt und Tritt, vermutlich hielt er ihn für seine Mutter.

Viele Jahre blieben die Beiden vereint und freuten sich aneinander. Beutelchen war die einzige Katze, die es nie so sehr nach draußen zog, wie all die anderen, die auf dem Bauernhof aufgewachsen waren. Sie schliefen auch in der Nacht gemeinsam im Bett, Beutelchen immer am Fußende.
Als der Bauer mit 88 Jahren verstarb, fand man den Beutelchen auf seiner Brust sitzend. Die Angehörigen verjagten ihn als sie das sahen. Und ab da hat niemand mehr den roten Kater gesehen.

Das Versprechen

Es war schon lange her, dass Konrad die Bergspitze erklommen hatte. Er war leicht außer Atem, über 3000 Meter war er schon lange nicht mehr geklettert. Aber die wunderschöne Aussicht entschädigte ihn für die Anstrengung. Er ließ sich nieder, um sich ein wenig auszuruhen. Er genoss den Anblick und fühlte sich dem Himmel nah. Erinnerungen an frühere Zeiten kamen ihm, als er als kleiner Junge mit seinem Vater hier hoch gekommen war. Den ganzen Aufstieg lang hatten sie kein Wort miteinander gesprochen. Er war ein schweigsamer Mann, redete selten, aber wenn, dann verstummten alle und man hörte ihm zu. Als Kind hatte sich Konrad mehr als alles andere gewünscht, dass sein Vater mit ihm gesprochen hätte, ihn gelobt oder auch nur getadelt. Aber selbst wenn Konrad einen Fehler gemacht hatte, sah der Vater ihn nur an, mit diesem unverwechselbaren Blick, der ihm bis ins Knochenmark ging. Diese Art von Erziehung war wirklich sehr erfolgreich. Diese Fehler, die mit diesem durchdringenden Blick bestraft wurden, hatte er niemals mehr wiederholt. Aber er hatte dies nicht etwa getan, weil er auf diese Weise gelernt hätte, was er falsch gemacht hatte. Die einzige Motivation war die Vermeidung dieses Fehlers, um den nahezu vernichtenden Blick nicht heraus zu fordern. Sein Vater hatte all die Jahre nie seine Hand gegen ihn oder einen seiner Brüder erhoben, das war nie nötig gewesen. Seine ganze Gestalt flößte jedem sofort Respekt und vermutlich auch Angst ein, was jedes Widerwort, jede Auflehnung im Keim erstickte.

Konrad saß nachdenklich auf der Spitze des Berges und fragte sich, ob er ein solcher Vater sein wollte. Und obwohl seine eigene Erziehung offensichtlich gelungen war, denn er war ein starker, gutherziger Mann geworden, - vermisste er dennoch etwas. Es fiel ihm genauso schwer, wie seinem Vater, Gefühle zu zeigen, und er wusste instinktiv, dass das nicht gut war. Seine Frau respektierte ihn, wie Mutter ihren Mann respektiert hatte, aber er wusste nicht, ob sie ihn wirklich liebte, und diese Frage quälte ihn. Hier oben in der Stille wurde ihm klar, dass er sich verändern musste, wenn er ein fühlender Vater und Ehemann werden wollte. Das werdende Kind unter dem Herzen seiner Frau, sollte in ein paar Jahren mit ihm auf diesen Berg steigen und mit ihm über alles reden können. Er sehnte sich danach, sein Lachen zu hören, wünschte sich mit ihm zu spielen und zu scherzen. Er wollte nicht diese Schwere in seinem Gemüt weitergeben, wie sein Vater es offensichtlich an ihn weitergegeben hatte.

Er griff in seine Jackentasche und holte ein Notizbüchlein heraus, riss einen Zettel ab und schrieb darauf: „Sonntag, 22. Juli 1965. Heute beschlossen, mit meinem Sohn zu lachen, zu scherzen und alles daran zu setzen, ihn zu verstehen und mit ihm zu sprechen. Heute weiterhin beschlossen, meiner Frau meine Liebe zu zeigen, jeden Tag, in Worten und Taten."

Er faltete den Zettel sorgsam, verschloss ihn in einer kleinen Plastikhülle und legte ihn unter einen größeren Stein. Er lächelte zufrieden, als er den Abstieg begann. In zehn Jahren würde er mit seinem Sohn wieder heraufkommen, und sicherlich würde er sich an diesen Zettel erinnern.

Jamila

Großer Gott, schon wieder war kein Wasser mehr da. Wie sollte das weitergehen. Jamila nahm den kleinen Kito an die Hand, in der anderen den großen zerbeulten Topf und machte sich auf den Weg. Während Jamila den langen Weg barfüßig antrat, jammerte ihr dreijähriger Sohn schon nach wenigen Metern. Kein Wunder, es steckte ein kleiner Dorn in seiner Fußsohle. Zuerst achtete sie nicht auf sein Weinen, sie tat als würde sie es nicht hören und zerrte den Kleinen noch einige Meter weiter.

Es fiel ihr nicht leicht, dies zu tun, aber wenn man im Savannenland lebte, durfte man nicht wegen jeder Kleinigkeit nachgeben. Das brachten die Mütter ihren Kindern schon sehr bald bei. Das Leben in Mali war hart.

Schließlich ließ sie sich erweichen. Sie erlaubte Kito sich zu setzen und untersuchte sein Füßchen. Inzwischen war der Dorn schon weit hinein getreten und sie saugte daran, damit sie ihn zu fassen bekam. Nach einer Viertelstunde endlich hatte sie ihren Sohn davon befreit und humpelnd folgte er ihr.

Auf Kitos staubigen Gesichtchen waren die Spuren der Tränen immer noch zu sehen. Er fühlte sich verlassen, obwohl seine Mutter keine drei Meter vor ihm herging. Er sah auf ihren Rücken und hatte Mühe ihr mit seinen kleinen Füßchen zu folgen, zumal ihm die Stelle, wo er sich den Dorn eingetreten hatte, immer noch schmerzte. Er hätte gerne laut geweint, aber er wusste es war nicht erwünscht und seine Mutter würde sich wahrscheinlich nicht einmal umdrehen. Kito hatte Mühe damit ein tapferer Junge zu sein und er war froh, als die Mutter endlich stehen blieb, denn der Abstand hatte sich immer mehr vergrößert.

Ein umgestürzter Baum war ihr Rastplatz für wenige Minuten. Er gab ein wenig Schatten und Kito durfte an der schlaffen Brust seiner Mutter trinken. Viel bekam er nicht mehr heraus, aber es war tröstlich daran zu saugen. Kurze Zeit später waren die beiden wieder auf den Füßen und diesmal durfte er wieder eine Weile an der

Hand seiner Mutter gehen, was das Laufen ein wenig erleichterte.

Nach mehr als zwei Stunden hatten sie endlich den Fluß erreicht. Er sah wie seine Mutter den Topf auswusch, um ihn dann mit dem kühlen Wasser zu füllen. Sie stellte ihn ans Ufer und winkte Kito heran. Er lief zu ihr, er wusste, nun durfte auch er ins Wasser. Er ließ seine wenigen Kleider fallen und sich von seiner Mutter von Kopf bis Fuß von Staub und Schmutz reinigen. Wunderbar fühlte sich das kühle Naß an, und mit strahlendem Gesichtchen patschte er mit seinen Händchen auf die glitzernde Wasseroberfläche. Dann war der kurze Augenblick der Freude auch schon vorbei. Seine Mutter deutete ihm ans Ufer zu gehen. Kito setzte sich in den Ufersand, während die Mutter seine abgelegten Kleider wusch. Er beobachtete das träge dahin fließende Wasser und sah einen Baumstamm entlang schwimmen. Er streckte seinen kleinen Finger aus und zeigte auf den schwimmenden Stamm, aber seine Mutter beachtete ihn nicht. Dann sah er wie der Stamm plötzlich seine Richtung änderte und auf Jamila zu schwamm. Im nächsten Augenblick verschwand seine Mutter im Wasser. Das Wasser färbte sich blutrot, kräuselte sich noch ein wenig, und auch der Baumstamm war verschwunden. Kito starrte auf die Stelle wo seine Mutter noch vor wenigen Sekunden gestanden hatte und begriff nicht was geschehen war.

Als die Sonne sich am Horizont orange über das Wasser ausbreitete, saß der kleine Kito immer noch nackt am Ufer und wartete.

Federmädchen

Calypso spielte im Schlamm. Mit ihren sechs Jahren hatte sie sich völlig unbefangen von oben bis unten vollgeschmiert. Keinen Augenblick dachte sie daran, was sie erwarten würde, wenn sie nach Hause kam.

Zwei Stunden später aber begann sie zu frieren, und sie lief in die Richtung, in der sie zu Hause war. Allmählich wurde ihr vom Laufen wieder warm, aber je mehr sie sich dem Haus näherte, in dem sie aufgewachsen war, desto mehr grummelte es in ihrem Bauch. Als sie dort ankam, war ihr richtig schlecht und genau vor der Haustüre erbrach sie sich. Sie würgte gerade, als sie über die Blumenbeete gebeugt war und schon klatschte ein Hagel von Schlägen auf sie herab. Die Stiefmutter stand schreiend über ihr, aber sie verstand kein Wort, nein, - sie hatte wieder die Ohren zugeklappt und war in der Welt der Aliens. Dort hörte sie das Geschrei nur in einer seltsamen gurgelnden Sprache von einem Wesen, das beinahe fünf Meter groß über ihr stand und das sie nicht verstand. Das Wesen war nicht nur groß, sondern auch sehr hässlich. Lange Reißzähne ragten aus einem stinkenden Maul, die Augen sprühten wie glühende Kohlen aus dem behaarten Kopf. Die Krallen waren ausgefahren, lange spitze Krallen, die sich drohend über ihr hin und her bewegten. Calypso war so übel, dass es ihr egal war, ob sie von diesem Ungetüm zerrissen werden würde, wenn es ihr nur nicht so schlecht wäre. Sie wusste zwar nicht genau was Sterben war, aber sie glaubte ernsthaft zu sterben. Ihr Gesichtchen glich dem grün der Tulpenblätter unter ihr, und obwohl beim Würgen nur noch Speichel aus ihrem

Mündchen kam, hörte dieser Würgeimpuls nicht auf. Schließlich war sie so erschöpft, dass ihr schwarz vor Augen war und sie ohne Bewusstsein in das Blumenbeet fiel.

Als sie wieder zu sich kam lag sie frisch gebadet in ihrem Bettchen und ein fremder Mann mit besorgtem Gesichtsausdruck hielt ihren Arm. „Ich messe deinen Puls Mädel, keine Angst – was war denn los?" fragte er. Calypso konnte sich nur schemenhaft an das Ungeheuer erinnern und daran, dass ihr so furchtbar schlecht war. Sie sah vor ihrem inneren Auge, die wunderschönen Tulpen in allen Farben leuchten und erinnerte sich an die schleimige, graue Masse, die auf sie hernieder fiel. Sie sah sich um, aber das Ungeheuer war verschwunden.

„Deine Mutter ist in der Apotheke, sie kommt gleich wieder" erzählte ihr der grauhaarige Mann, der aufgehört hatte ihren Puls zu messen. Calypso dachte:' welche Mutter? Ah, er meinte wohl ihre blöde Stiefmutter, die immer mit ihr schimpfte. „Schlaf jetzt Mädchen, morgen ist alles wieder gut". Das tat sie auch, sie kuschelte sich wohlig in ihr Federkissen und schlief sofort ein.

Im Traum flog sie mit einem Schwanenschwarm am Himmel. Es war herrlich so durch die Lüfte zu fliegen. Auch sie hatte ein weißes Federkleid an, aber irgendwie passte es nicht so gut, denn sie verlor während des Fluges immer mehr von den wunderbaren Federn.

Allmählich wurde es mühsam für sie auf gleicher Höhen mit den anderen Schwänen zu fliegen. Sie musste sich sehr, sehr anstrengen, um nicht abzustürzen.

Schließlich konnte sie sich nicht mehr halten und stürzte in die Tiefe. Sie kreiselte abwärts und sah viele rote Dächer eines kleinen Dorfes auf sich zurasen. So sehr sie auch mit den Flügelarmen auf und ab flatterte, unaufhaltsam trudelte sie tiefer. Sie blickte nach oben und sah die bestürzten Schwanengesichtchen, hörte ihre klagenden Schreie und sah sie schließlich in den Wolken verschwinden.

Kurz vor dem Aufprall, erwachte Calypso und fand sich allein in ihrem Zimmer, zum Glück heile im Bett.

3. Kapitel: Geheimnisvolles

Der geheimnisvolle See

Edna sprang vom Baumstumpf aus in das kalte Wasser des Sees. Der Kopfsprung war ihr nicht ganz gelungen. Sie spürte ein leichtes Brennen auf dem Bauch, aber das Wasser war wunderbar kühl, und es brannte nicht lange. Sie schwamm mit geöffneten Augen durch das klare Wasser, spürte die schlanken, kleinen Fische an ihren Schenkeln vorbei gleiten. Es gab viele davon hier in diesem abseits gelegenen See. Sie sah im vorbeischwimmen wie die Algen wedelten, ihr war so, als würden sie ihr zuwinken.

Allmählich ging ihr die Luft aus, und sie musste an die Oberfläche. Sie tauchte auf, in das von der Sonne gefärbte bunte Glitzern der Wasseroberfläche. Zehn Mal atmete sie ruhig und tief. Dann tauchte sie wieder hinunter - in ihr Wasserreich, - wie sie es nannte. Seit ihrer Kindheit erschien ihr das Wasser in allen Variationen immer wie zu ihr gehörend. Stundenlang planschte sie schon als ganz kleines Mädchen in der Badewanne oder in den Bächen. Von allem Wässrigen wurde sie magisch angezogen. So kam es, dass sie auch Menschen, die weinten besonders mochte.

Mit zwei Jahren fiel sie damit auf, dass sie sich traurigen, weinenden Menschen sofort auf den Schoß setzte und mit einem sanften Streicheln ihre Tränen von den Wangen trocknete. Aber das fand ihre Umwelt sehr unpassend, und sie verboten ihr dieses Tun.

Edna aber war immer noch fasziniert von den Tränen anderer, bis zum heutigen Tag. Und nun war sie bereits 17, und keiner konnte ihr mehr verbieten, andere zu trösten. Zwar streichelte sie jetzt nicht mehr die Wangen der Weinenden, aber sie konnte gut mit Worten streicheln und damit trösten.

Sie war wieder nach tiefem Luftholen weit hinunter getaucht und fühlte sich wie einer der Fische, die ihr so flink auswichen. Dann sah sie im Augenwinkel etwas Ungewohntes auftauchen. Als sie näher hin sah, verschwamm es wieder vor ihrem Blick. Schnell tauchte sie hoch, um erneut Luft zu holen, und dann ganz schnell wieder hinab. Suchend schwamm sie die Stelle ab, wo sie zuletzt dieses fremde Gebilde gesehen hatte. Da, - da war es wieder, - es sah aus wie ein großer, dunkler Torbogen. Diesmal verschwand er nicht mehr vor ihren Augen, und sie näherte sich, um ihn zu untersuchen. Ja, es schien ein Tor zu sein. Sie tauchte wieder hoch, weil sie dringend Luft brauchte.

Oben an der Wasserfläche überlegte sie lange, ob sie diesem Phänomen auf den Grund gehen sollte. Schließlich entschied sie sich. Sie holte einen besonders tiefen Atemzug und tauchte wieder hinab. Diesmal erschien ihr das Tor sogar näher, und sie tauchte hindurch. Es schien eine längliche Höhle zu sein, dunkel, aber hell genug, um den Felsen zu folgen.

Lange schwamm sie den Blasen im Wasser hinterher, dann stoppte sie. Die Luft würde jetzt gerade noch reichen, um zurück zu kehren, aber vielleicht könnte sie auch bereits ein paar Meter weiter hoch tauchen. Sie horchte in sich hinein, und etwas in ihr rief, „schwimm weiter". Nach einem kurzen Zögern tat sie das. Und dann merkte sie, dass sie keine Atemluft mehr hatte. Ein Zurück gab es nicht mehr. In Edna überschlugen sich die Gedanken: Das war also das Ende. Na, wenigstens würde sie in ihrem geliebten Element sterben. Ob man sie wohl je finden würde?

Panik erfüllte sie sekundenlang, sie musste atmen, aber da war nur Wasser und panisch zappelte sie, versuchte das Unvermeidliche so lange wie möglich hinaus zu zögern. Es war eher ein Körperreflex, aber diese Panik des Leibes ging allmählich über in ihren Geist und verwirrte die Gedanken. Da tauchte ein Gesicht vor ihr auf. Es sah gütig aus, es beruhigte ein wenig ihre Gedanken. Immer noch schrie es in ihr: „Luft" - und sie blickte mit aufgerissenen Augen und zusammengepressten Mund auf das wabernde, lächelnde Gesicht vor ihr, hielt sich innerlich daran fest. Da hörte sie beruhigende Gedanken von diesem Gesicht ausgehend: „Hab keine Angst. Es wird dir nichts geschehen. Atme dein geliebtes Element in dich hinein. Fürchte dich nicht."

Sie fühlte sich plötzlich ganz ruhig, öffnete den Mund, ließ ohne innere Gegenwehr das Wasser in sich hinein. Luftblasen stiegen hoch, ihr Körper zappelte noch, aber ihr Geist war völlig entspannt und sie ließ geschehen, was offensichtlich geschehen musste. Sie spürte, wie sich nach und nach auch der Körper beruhigte und schließlich ohne Eigenbewegung dahinschwebte, vom Wasser getragen. Die freundlichen Augen deuteten ihr an, diesem Wesen zu folgen. Wie in einem Sog wurde sie weitergetragen, sah verwundert plötzlich eine wundervolle Unterwasserwelt, mit noch nie gesehenen Fisch- und Korallenarten. Sie musste in einem Korallenriff sein. Sie schwebte weiter dieser verschwommenen Gestalt nach, sah, dass es wohl ein männliches Wesen war, und das Wort „Wassergeist" kam ihr in den Sinn. Mit seinem Dreizack deutete er auf besondere Tiere und Korallenschönheiten, als wäre er der Unterwasser-Fremdenführer. Alles geschah mit einer unglaublichen Selbstverständlichkeit. Endlos bestaunte sie diese fremden Welten.

Dann stoppte der Wassermann vor ihr schwebend, und wieder vernahm sie auf telepathischem Weg eine Nachricht: „Von hier kommst du! Du lebtest einstmals in dieser Welt. So wunderschön war sie einst. Diese Reise ist ein Geschenk von uns an Dich, weil du dieses Element zu schätzen weißt. Nun sage ich Aufwiedersehn. Vergiß uns nicht!"

Dann löste sich die Gestalt langsam auf, wurde zu glitzerndem Wasser und Edna fühlte sich hinauf getragen.
Als sie wieder zu sich kam, lag sie am sonnenüberfluteten Ufer des Sees.

Die Verschmelzung

Wie war nun das wieder passiert. Ständig fand sich Lanora in solchen Situationen wieder. Offensichtlich war sie ein sehr unaufmerksamer Mensch, oder vielleicht einfach unkonzentriert. Ja, es stimmte schon, sie hatte den Kopf immer total voll mit allem möglichem. Scheinbar war ihre Wahrnehmung eine völlig andere, als die der meisten Menschen. Sie versank immer wieder minuziös in winzige Details, die andere nicht einmal bemerkten. Sie musste sich das irgendwie abgewöhnen.
Lanora schritt durch die Einkaufszone. Hunderte von Menschen waren dort auf den Beinen. Sie blickte in die Gesichter der eiligen Wesen, sah gestresste, traurige, abwesende, grimmige und sehr selten ein fröhliches Gesicht. Da tauchte ein faszinierendes Antlitz in der Menge auf. Gedankenverloren, irgendwie abwesend, starrte es sie an, - ging vorbei. Sie drehte sich nach ihm um, als die männliche Gestalt, zu der es gehörte, vorbei war. Ohne nachzudenken folgte sie dem schmalen, hochgewachsenen Körper, bohrte den Blick in das rotblau karierte Hemd am Rücken, verfolgte die Linie des Nackens, der kurzen, schwarzen Haare. Sie hielt

Gleichschritt und wurde eins mit dieser Person, fühlte ihre Füße in seinen Sandalen, passte sich seinem Körpergefühl an, das irgendwie schwingend war und fühlte sich mit einem Mal männlich. Es machte Lanora Spaß, mit großem, weit ausschreitendem Gang sicher durch die dichtbelebte Einkaufsmeile zu gehen. Die Menschen wichen ihnen aus, seine Ausstrahlung war nicht nur für sie faszinierend. Sie spürte wie sie neugierige Blicke auf sich zogen, erwiderten sie gemeinsam herausfordernd und ohne Irritation. Es war mit einem Mal leicht, offenen Blickes daher zuschreiten, nicht wie sonst, wo Lanora schnell direkten Blicken auswich. Da war kein Augenniederschlag, kein vorsichtiges sondieren. Offen und frei blickte sie aus seinen Augen heraus und fühlte sich unantastbar und stark.

Dann passierte in einer Plötzlichkeit etwas, was Lanora völlig aus der Bahn warf. Blitzartig war er stehen geblieben, ohne Vorwarnung, und da ihr physischer Körper, während des Einfühlens, ständig hinter ihm ging, prallte sie auf das rotblau karierte Hemd, - nein auf seinen Rücken. Der Schmerz in ihrer Nase brachte sie, mit all ihren Sinnen, wieder zurück in ihren Körper.

Schockartig blieb sie für einen Moment in einer Zeitschleife der völligen Bewegungslosigkeit, sah aber wie sich das bunte Hemd umdrehte. Sie bemerkte den Kragen, sah die Halsgrube ihres Gegenübers, den Adamsapfel, die Bräune der Haut, die Konturen des frisch rasierten Kinns, einen geraden Nasenrücken und schließlich die dunklen sprühenden Augen ihres Gegenübers. Und im gleichen Moment, als sich ihre Augen trafen, blitzte es wie aus 100 Sonnen, und sie war zurück aus der atemlosen Zeitschleife und presste ein verlegenes

„T'schuldigung" und ein kleines Lächeln aus sich heraus. Der Mann vor ihr sah sie verständnisvoll an, und sie hörte noch die Worte: „Kein Problem, meine Teure," bevor er weiter ging.

Lanora aber blieb, entsetzt über sich, stehen: Schon wieder war sie sich selbst entglitten. Wie leicht sie immer aus ihrer Mitte verschwand.

Das kleine rote Herz

Tobias nahm das Horn in die Hand – war es vielleicht aus Elfenbein? Auf seiner Bergtour, in der Nähe von Meran, war plötzlich dieses Horn vor seinen Füßen gelegen. Seltsam, was man alles so finden konnte. Wahrscheinlich war es ein Stück von einem Gemsgeweih. Es war hohl und als er gerade hineinblasen wollte, kroch eine Spinne heraus, - es war wohl ihr Zuhause.

Beinahe hätte Tobias vor Schreck das Horn fallen gelassen. Er mochte keine Spinnen, es ekelte ihn vor diesen Langbeinen. Da hörte er ein Lachen. Er drehte sich um und sah zuerst nichts. Dann aber, — er traute seinen Augen nicht, — sah er ein geflügeltes Tier, das höchstens daumengroß war, —- nein das war kein Tier! Während er mit offenem Mund auf das zarte, geflügelte, schimmernde, beinahe durchsichtige Wesen, starrte und an seinem Verstand zweifelte, hörte er die Stimme dieser kleinen hellen Gestalt: „Hallo, ich bin Eldana, ich bin eine Bergelfe, und ich freue mich, dass Du mich sehen kannst. Es gibt nicht viele Menschen, die mich wirklich sehen können". Ein Ruck ging durch Tobias. Jetzt war es soweit, er würde wohl so enden wie seine Tante väterlicherseits, die in jungen Jahren schon ziemlich komisch und verwirrt war.

Er drehte sich um, fest entschlossen, diese Gestalt, samt Worte, zu ignorieren. „Nein", hörte er die Stimme im Rücken, „Nein, du bist nicht verrückt, glaub mir, du bist nur empfindsam und offen, das ist keine Verrücktheit". Tobias ging stoisch weiter, - aber so leicht war diese Fee nicht abzuschütteln, sie begann nun direkt vor seinem Gesicht zu schweben. Schließlich blieb er doch stehen und betrachtete sie interessiert. Sie war allerliebst anzusehen, wie ein wunderschönes Püppchen, - durchsichtig, er konnte sogar ihr kleines Herz sehen, das rot und leuchtend, sehr schnell pumpte.

Die surrenden Flügel erschienen ihm wie die eines Kolibri, auch diese konnten auf der Stelle fliegen, mit einem so schnellen Flügelschlag, dass man ihn kaum noch wahrnehmen konnte. Fasziniert schaute er auf die leuchtende Fliegerin und wurde total in ihren Bann gezogen.

Inzwischen war es ihm egal, ob diese Elfe seinem kranken Hirn entsprungen war, und er dachte noch: ‚Wenn so was Schönes aus meinem Hirn kommt, dann bin ich gerne krank'. Ein glockenhelles Lachen kam aus dem hübschen Mund der kleinen Gestalt. Sie hatte wohl die Fähigkeit, seine Gedanken zu lesen. Dann wurde Eldana ernst und sprach mit sanfter Stimme zu ihm: „Lieber Tobias, ich habe eine Nachricht für dich, lass mich auf deiner Handfläche ausruhen, streck deine Hand aus." Tobias tat, wie sie verlangte und sie schwebte auf die bereit gehaltene Handfläche und nahm Platz.

Er spürte keine Berührung, kein Gewicht, sie musste unendlich leicht sein. „Hör zu" sprach sie: „lieber Tobias! Jemand der dich sehr liebt und der aus einer anderen Dimension ist, will dir etwas sagen. Bist du bereit? Willst du es hören?" Tobias nickte. „Einer deiner Schutzengel hat mich gebeten dir Folgendes zu sagen: „Gehe in dich hinein - ganz tief, nimm dir Zeit und glaube, dass alles möglich ist. Wenn dir das gelungen ist, wird dein Leben ganz einfach, und du wirst dir deiner ursprünglichen Aufgabe hier auf Erden bewusst sein. Dann wirst du wissen, wohin dein Weg geht".

Eldana war aufgestanden und schwebte ganz nahe an sein Gesicht, und es war ihm, als hätte sie ihn auf die Stirn geküsst.

Dann flog sie davon mit ihrem Glockenlachen, und einen Augenblick kam es ihm so vor, als flöge ein Teil seines Herzen mit ihr.

Begegnung

Seufzend schritt Parius den Feldweg entlang. Er war ganz in Gedanken. In seinem Inneren liefen viele Filme ab. Er war grenzenlos erleichtert. Eine Riesenlast war von ihm gefallen. Er spürte es deutlich und es kam ihm fast wie ein Wunder vor. Wie war es möglich, dass er sich so viele Jahre, nein sein ganzes Leben, mit all dem herum gequält, und nie den Schlüssel gefunden hatte, wo er doch direkt vor ihm gelegen hatte. Er schalt sich wegen seiner Vernageltheit. Er schritt energisch, nein energiegeladen, aus. Es fühlte sich fast an wie schweben, so leicht war ihm mit einem Mal ums Herz. Aber er erinnerte sich noch sehr gut an das sonstige Gefühl der Schwere, das ihm nahezu zur Gewohnheit geworden war.

Während er, so völlig fasziniert von seinem neuen Lebensgefühl, dahin schritt, merkte er gar nicht, dass ihm ein Mensch entgegen kam. So passierte es, dass er richtig erschrak, als er diesen plötzlich vor sich sah. Es war ein stattlicher, hochgewachsener, jugendlich erscheinender Mann, der aber, beim näheren Hinschauen, gar nicht mehr so jung war. Er schritt ebenso wie Parius energiegeladen und aufrecht auf ihn zu. Seine Augen blitzten ihn freundlich und neugierig an. Als sie auf gleicher Höhe waren, sprach ihn der Ältere an: „Können Sie mir sagen, wo es hier zur Seligkeit geht?"

Parius blieb erstaunt stehen. Auf diese Frage konnte er wirklich keine Antwort geben. Stattdessen sah er diesem beeindruckenden Wanderer in die Augen, lächelte ihm zu, und es sprach plötzlich aus ihm: „Überall und nirgends, nicht wahr?" Der Blick des Fremden wurde sehr, sehr intensiv, und nach einer sehr langen Pause, so schien es Parius, antwortete dieser: „Danke, das war die Antwort, die ich erhofft hatte. Ich wünsche Ihnen noch einen schönen Tag", verneigte sich und ging weiter. Parius blickte der Gestalt noch lange nach. Irritiert fragte er sich, was das gerade gewesen war. Endlich riss er seinen Blick von der immer kleiner werdenden Figur los und setzte seinen Weg fort. In ihm wiederholte sich fortwährend die gestellte Frage des Unbekannten und seine gegebene Antwort, die er selbst nicht verstand. Noch nicht!

Die Fahrt

Was für ein Tag! Karun fuhr gerade zurück in seinem alten Lastwagen. Das Getöse seiner Blechkarre übertönte das Gedudel aus dem Radio. Er beugte sich vor und drehte den Regler für die Lautstärke, aber auch das half nicht. Das Gescheppere, das diese Schrottkarre verursachte, war einfach zu laut. Dabei hätte er jetzt wirklich gerne ein wenig Ablenkung gehabt, denn er war sehr müde und die Augen drohten ihm ständig zuzufallen. Er sah schon ständig irgendwelche Schatten von rechts nach links huschen, die gar nicht da waren. Jedes Mal zuckte er zusammen und das war gut so, denn danach war er wenigstens wieder leidlich wach. Er fuhr durch die öde Landschaft, nicht einmal Bäume waren am Straßenrand zu sehen, und diese Fahrbahn schien endlos und schnurgerade weiter zu führen. Gerade war er wieder eingenickt und erschreckt hochgefahren. Er starrt durch die schmutzige Windschutzscheibe. Das eintönige Geräusch des Motors und das Klappern des Fahrgestells machten ihn wirklich schläfrig, und letzte Nacht hatte er wegen der Hitze auch kaum geschlafen.

Fest hielt er das Lenkrad umfasst und starrte geradeaus. Lag da nicht etwas auf der Fahrbahn? Wohl wieder so ein Trugbild, dachte Karun. Aber als er näher kam, klumpte sich sein Magen zusammen. Da lag eindeutig ein Mensch auf der Fahrbahn. Er drosselte das Tempo und hielt, mit quietschenden Reifen, fünf Meter vor der liegenden Person am Straßenrand. Erst angelte er das Warndreieck unter dem Sitz hervor, dann stieg aus, ging nach hinten und stellte es auf.

Es war weit und breit kein Fahrzeug zu sehen. Es war eine sehr wenig befahrene Strecke. Er ging etwas beklommen wieder nach vorne. Viele Gedanken rasten durch seinen Kopf. Ob dieser Mensch wohl schon lange da lag? Vielleicht war er schon tot. Ob ihn jemand überfahren hatte? Oder war er ein Opfer der Hitze geworden, während er darauf wartete, dass ihn jemand mitnahm? Wie war er hier hergekommen? Hatte ihn jemand hier einfach abgeladen? … Während er auf die Stelle zuging, an der die Gestalt lag, fühlten sich seine Beine wie Blei an.

Nun stand Karun über die Gestalt gebeugt da. Sie lag auf dem Bauch, die Kleidung war zerlumpt, ein Hosenbein war hochgekrempelt und er sah Abschürfungen an einer der haarigen Waden. Offensichtlich ein Mann, dachte Karun. Er sah keine Bewegung im Brustkorb des Mannes vor ihm. Er spürte ein Schaudern, und die Stille um ihn herum wurde fast unerträglich.

Karun überwand sich schließlich und packte den Liegenden an der Schulter, um ihn umzudrehen. Er spürte das Gewicht und nahm die zweite Hand mit dazu, um den Mann zu drehen. Er war schwer, und als er ihm ins Gesicht sah, erschrak er bis tief in sein Innerstes. Er kannte dieses Gesicht: Es war seines!

Das Rätsel

Paula war todmüde. Irgendetwas stimmte nicht mit ihr. Seit ihr Freund verreist war bekam sie einfach nicht genug Schlaf. Sie schleppte sich täglich in die Uni, konnte dort kaum die Augen aufhalten und schleppte sich dann wieder nach Hause. Daheim musste sie sich sofort hinlegen, mit letzter Kraft sank sie ins Bett. Seit elf Tagen ging das nun schon so. Jeden Vormittag wachte sie erst spät auf, und auch nur, weil gleich drei Wecker läuteten. Sie musste unbedingt zum Arzt, irgend etwas war mit ihr nicht in Ordnung.

Willibald, ihr Freund, würde in einer Woche zurückkommen. Dann würde er sich sicherlich um sie kümmern. Bis dahin musste sie irgendwie durchhalten. Gab es so etwas wie eine Schlafkrankheit? Paula war gerade,- immer noch völlig müde,- vom Weckerlärm aufgewacht. Gleich würde der dritte Weckruf ertönen. Sie saß immerhin schon auf der Bettkante und auch wenn das Kissen hinter ihr eine unwiderstehliche Anziehungskraft hatte, - sie würde es nicht anschauen, denn sonst....Der dritte Wecker riß sie aus ihrer Dösigkeit. Um ihn zum Schweigen zu bringen, musste sie aufstehen und ein paar Schritte gehen. Das war gut so, denn wenn sie sich erst einmal in der Senkrechten befand, war der Sog des Bettes nicht mehr so stark. Sie zog sich im Bad die Kleider an und überlegte, mit all der Dumpfheit in ihrem Kopf, was für ein Tag heute war und was in der Uni anstand. Unendlich träge bewegten sich ihre Gedanken, und sie gab es irgendwann auf, sich darüber klar zu werden, welcher Tag war. Sie bereitete sich eine Thermoskanne mit starkem Kaffee, ohne den sie sonst schon in der S-Bahn in Dauerschlaf zurückfallen würde. Mit schweren Gliedern schleppte sie sich zum Zug und anschließend die Treppen der Unterführung hinauf, schlug den Weg zur Uni ein und stand schließlich vor dem Haupteingang.

Es musste schon spät sein. Keiner ihrer Kommilitonen war noch unterwegs, sie schienen alle schon in der Vorlesung zu sitzen. Seltsam. Sie ging ins Foyer und wunderte sich kurz über den roten Eimer, der mitten im Weg stand. Sie schlürfte zum Aufzug, drückte den Liftknopf, lehnte sich an die Wand, und schloß vorübergehend die Augen. Als sie die Lifttüre aufgehen hörte, ging sie mit fast geschlossenen Augen in die Kabine. Sie spürte wie sich der Lift aufwärts bewegte. Hatte sie überhaupt den Knopf zum Dritten gedrückt? Sie starrte auf die Schalttafel, – 7. Stock leuchtete da, und sie wurde plötzlich sehr viel wacher.

Sie erschrak, weil sie einen Schatten im gegenüber liegenden Spiegel sah. Sie blickte genauer hin, sah eine Frau mit Besen und Eimer vor sich, die sie nun in einem unverständlichen Kauderwelsch ansprach. Dann, als die Frau im Spiegel bemerkte, dass die Studentin sie nicht verstand, sprach sie in gebrochenem Deutsch: „Heute nix Schule. Heute Sonntag!"
Das war zuviel für Paula. Sie sah noch im Spiegel den intensiven Blick der Putzfrau und ihr eigenes Spiegelbild, wie es langsam nach unten glitt.

Sie erwachte in einem weißen Zimmer. Alles war weiß, die Wände, das Bett, in dem sie lag, die Bettwäsche, und nun kam ein Mensch im weißen Kittel gerade zur weiß gestrichenen Türe herein. Noch ehe sie begriff, dass sie in einem Krankenhaus lag, sprach der Mann in Weiß zu ihr: „Das ist schön Frau Wegener, dass Sie wieder unter uns weilen. Wir sind froh, dass Sie es geschafft haben." Fragend sah Paula den Arzt an. „Sie hatten eine ziemlich starke Gasvergiftung, es hat nicht mehr viel gefehlt…. Wir haben die Stadtwerke informiert und in ihrer Wohnung hat man ein kleines Leck in der Gasleitung gefunden. Sie haben sich anscheinend über Tage hinweg immer mehr vergiftet."

Paula schloß unendlich müde die Augen, aber diesmal war sie auch unendlich erleichtert.

Elfenbeinmädchen – oder der Letzte seiner Art

Sie huschte durch den Urwald – auf der Suche nach Nenus. „Komm Nüsschen, lauf Nüsschen, die Berge sind hoch, die Flüsse sind tief und die Bäume schief". So sang sie, während sie fröhlich über die Wurzeln und Ranken sprang. Sie sang gerne, besonders im Wald, dort war immer ein Echo. Sie hatte dann das Gefühl, dass ihre Mutter ganz nah war. Ihre Mutter war schon lange tot, aber sie erinnerte sich noch gut an sie, obwohl sie noch sehr klein war, als sie starb. Besonders ihre Lieder, die sie mit glockenheller Stimme sang, waren noch in ihrem Gedächtnis und auch, dass sie immer mit: ‚Elfenbeinmädchen' gerufen wurde.

Wo war er denn wieder, – immer büchste er ihr aus, so sehr sie auch versuchte, ihn nicht aus den Augen zu lassen. Immer wieder schaffte er es, unentdeckt das Weite zu suchen. Sie hatte den Verdacht, dass er absichtlich verschwand, dass er vielleicht gar nicht mit ihr zusammen sein wollte. Ach Unsinn, sagte sie sich, er sucht einfach nach einer Gefährtin. Dies war aber nicht möglich, und sie konnte ihm auch keine vermitteln. Sie wurde traurig, ja – Nenus war der Letzte seiner Art. Er musste einfach akzeptieren, dass sie eben seine einzige Freundin sein würde. Sie war doch immer lieb zu ihm und sorgte gut für seine Bedürfnisse. Na gut, sie waren wirklich sehr verschieden, und hatten ziemlich unterschiedliche Interessen. Zum Beispiel kletterte er gerne auf die höchsten Bäume, und sie blieb lieber weiter unten. Sie sorgte sich stets um ihn, hatte Angst, er könnte irgendwann abstürzen, aber wenn sie ihn deshalb schalt, dann quietschte er nur fröhlich und sprang gleich auf den nächsten Ast eines hohen Baumriesen.

Andererseits war es wirklich reizend, ihm zuzusehen, wie er mit rasender Geschwindigkeit hoch in die Wipfel kletterte, und oben ein lautes Geschrei anstimmte, dann wie ein Verrückter die Äste schüttelte und schließlich anfing, auf der Spitze hin und her zu schwingen. Ihr wurde dabei immer schon ganz übel vom Zuschauen.

Eben hörte sie etwas. Es klang wie Nenus auf einem seiner Bäume. Sie lauschte, – ja das konnte nur er sein. Sie lief schneller über den weichen Boden auf die bekannten Töne zu. Jetzt war das Triumphgeschrei ganz nah. Sie blieb stehen, die Sonne blendete sie, und sie hielt die Hand vor die Augen. Da, – ganz deutlich sah sie das Schwingen des Wipfels vor sich und rief aus vollem Halse: „Nenus!" Ein paar Mal musste sie ihn noch rufen, dann sah sie wie das Schaukeln nachließ, und etwas in unglaublicher Geschwindigkeit den Stamm herunter jagte. Ein schwarzer Schatten flog auf sie zu, landete in ihren Armen und knabberte an ihren Haaren herum. Sie streichelte sein struppiges Fell, die Zacken auf seinem Kopf und blickte ihm in das einzelne rote Auge, das mitten auf seiner Stirn war, während sie seine scharfen Krallen vorsichtig aus ihren Haaren löste.

Das Summen von Minou

„Minou, komm endlich. Was machst du denn bloß? Wieso dauert das so lange? Das kann doch nicht wahr sein. Wir kommen noch zu spät. Komm jetzt!" Arlando nahm das Gepäck und ging schon mal zum Auto. Er hielt es einfach nicht mehr aus. Immer trödelte sie herum, fand kein Ende. Endlich trat sie durch die Türe, absolvierte ihre fünfzehn Drehungen und murmelte die nötigen Beschwörungen.

Endlich war es soweit. Minou warf sich erschöpft auf den Rücksitz und rief: „Vamos". Da saß sie nun, mit geschlossenen Augen, summte Melodien, die in ihrem Kopf herum spukten und blieb dann kerzengerade und völlig bewegungslos sitzen,

Arlando kannte das schon. Nun würde er von hinten lange Zeit nichts mehr hören. Und wenn sie angekommen waren, würde es ebenso lange dauern, bis er Minou aus diesem Trancezustand wieder heraus holen konnte, wenn überhaupt. Aber immerhin, die Hälfte war ja nun beinahe geschafft. Arlando fuhr sicher und wortlos. Er steuerte den Wagen konzentriert in Richtung Hauptstadt. Er war spät dran. Die Rituale seiner Mitfahrerin hatten ihn wieder einmal viel Zeit, aber auch Nerven gekostet. Er legte immer viel Wert auf Pünktlichkeit, hasste es, zu spät zu kommen. Aber es war heute wohl unvermeidlich. Es würden schon viele Gäste ungeduldig warten, wenn sie eintrafen. Das Hotel kam in Sichtweite. Er fuhr die hintere Einfahrt hoch, bremste scharf am Eingang und zog den Zündschlüssel ab. Er drehte sich auf seinen Sitz um. Minou saß wie eine Statue, immer noch mit geschlossenen Augen, auf dem Rücksitz. „Minou, wir sind da!" rief er laut. Sie schien ihn nicht zu hören. Er stieg aus, öffnete die Türe, und zwei kräftige Hotelpagen rannten, auf sein Winken zu ihm. Sie wussten was zu tun war. Sie hoben die beleibte Minou aus dem Auto und trugen sie ächzend schnell zum Hintereingang, die Treppen hoch und in den Saal hinter den Vorhang. Mehrere Frauen arbeiteten sich an ihr ab, schminkten und kämmten sie, warfen ihr den mit Goldfäden durchwirkten, magenta-farbenen Umhang um, steckten ihre schokoladenbraunen Füße in goldene Sandalen. Lackierten blutrot ihre Hände- und Fußnägel, ordneten schließlich noch die Falten des Stoffes und verschwanden so schnell und lautlos wie sie gekommen waren.

Der Vorhang öffnete sich, auf der Bühne thronte Minou in ihrem glitzernden Umhang, immer noch mit geschlossenen Augen. Für zwei Minuten trat völlige Stille im Saal ein. Dann setzte sich eine Schlange von Wartenden in Bewegung. Einer nach dem anderen wurde vor die Trance-Heilerin gestellt, angewiesen sich hinzuknien. Minou verfiel in ihr dröhnendes Summen und legte ihre beringten Hände auf die Köpfe oder Schultern der Hilfesuchenden.

Eine endlose Menschenschlange zog so an der Heilerin vorbei, bis alle Gelegenheit hatten, vor sie zu treten. Selig lächelnd traten die so Behandelten wieder ab.

Draußen vor dem Hotel löste sich die Menschenmenge nach und nach auf, und allmählich mit dem Dunkelwerden verliefen sich die Massen. Es wurde still und Arlando veranlasste die Träger, die völlig erschöpfte Minou in ihre Suite zu bringen.

Fatamorgana

Fructunella stand auf der Dose. Diese war angeschwemmt worden an diese einsame Insel, auf der er gestrandet war. Klang irgendwie italienisch oder spanisch. Natürlich war die Inhaltsangabe in sechs Sprachen aufgedruckt. Er hielt die Dose lange in den Händen und starrte aufs Meer.

Bilder der Erinnerung sah er hinter seinen Augen. Von seiner Heimat, dem biederen Dorf in Bayern. Episoden mit den engstirnigen Dörflern, Gefühle der Scham, Trostlosigkeit und Einsamkeit tauchten aus seinem Inneren empor. Schnell stand er auf und arbeitete weiter am Bau seiner Unterkunft, deren Dach von den ankommenden Meereswinden nahezu zerstört war. Er schüttelte mit den Palmzweigen auch die Reste dieser inneren Bilder hinweg, und konzentrierte sich eisern auf das Flechten der Schutzbedeckung. Sein Kopf wurde wieder leer, und er spürte, wie die Brise vom Meer her ihn freimachte in all seinem Denken und Fühlen.

Zufällig blickte er auf die Blechdose, die er achtlos in den Sand geworfen hatte und sah gerade noch, - aus den Augenwinkeln, - eine Bewegung. Etwas war durch die kleine Öffnung hineingeschlüpft. Er hielt in seiner Arbeit inne und überlegte, was das wohl für ein Getier gewesen sein könnte. Womöglich ein Skorpion! Das fehlte ihm noch, aber seine Neugierde war geweckt. Vielleicht war es aber ja auch nur eine Sinnestäuschung gewesen, das sollte bei länger Alleinlebenden durchaus vorkommen. Er hatte keine Lust, sich von einem Krebs oder Skorpion stechen zu lassen. Eigentlich waren Skorpione ja auch größer und könnten gar nicht durch so eine Mini-Öffnung hindurch schlüpfen, oder? Auch die Spuren, die zu der Dose hinführten, lösten das Rätsel nicht. Durch das Heranschleifen der Palmzweige waren vielerlei Abdrücke auf dem Sand zu sehen. Er strich mit der Breitseite eines langen Stockes sämtliche Unebenheiten glatt und arbeitete dann wieder an seinem Dach. So könnte er wenigstens erkennen, ob das Tier die Dose wieder verlassen hätte.

Als die Unterkunft in Vollkommenheit vor ihm stand, sah er wieder zu der Dose. Der Sand war immer noch unberührt, das Tierchen musste also noch darin sein. Irgendwie war er einfach zu neugierig, um nicht wissen zu wollen, was sich in diesem Blechstück eingenistet hatte. Während er noch darüber nachdachte, wie er dieses Geheimnis lüften könnte, sah er mit leichtem Erschrecken, wie sich die besagte Dose plötzlich aufrichtete und sich in Bewegung setzte. In unglaublicher Geschwindigkeit raste dieses Weißblechteil über den Sand auf das Meer zu. Er hatte Mühe, das Tempo bei der Verfolgung zu halten, aber er wollte dieses Geschehen auf keinen Fall aus den Augen lassen. Immer noch raste die Dose ungebremst durch den Sand und schnurstracks ins Wasser. Da schwamm sie nun wieder waagrecht an der Oberfläche. Ehe er sie packen konnte, war sie auch schon von einer großen Welle erfasst, emporgehoben und auf dem Kamm der Gischt weit hinweg getragen worden, - unerreichbar. Er blieb lange verwundert am Ufer des Meeres sitzen und starrte dem kaum noch sichtbaren, schwimmenden Objekt nach. Was das wohl gewesen war ? Welches Tier verhielt sich so? Er würde es wohl nie erfahren.

Er ging nachdenklich zu seinem Unterstand und traute seinen Augen kaum, - da lag eine Dose mit der Aufschrift "Fructunella".
Als er erwachte war er schweißgebadet. Die Sonne hatte ihn voll durch die Löcher in seinem Dach erwischt. Wahrscheinlich litt er unter einem kleinen Sonnenstich. Er sah sich um. Da war sie, diese kleine Blechdose. Sie lag still und unscheinbar im Sand.

Anouk

‚Was ist der Sinn des Lebens? Worauf sollen wir achten? Wonach sollen wir streben? Wozu sind wir hier?' Anouk stellte sich diese Fragen, — wie ihm schien, — bereits sein ganzes Leben lang. Er war schon immer anders als seine Stammesbrüder.
Er ging nicht gerne zur Jagd, benutzte nicht gerne die Harpunen, um Wale oder Eisbären zu töten. Zum Glück war er ein guter Angler. So konnte er mit seinen Fängen auch zum Überleben der Sippe beitragen. Mit seiner selbst gebauten Angel harrte er ganze Tage lang vor dem ins Eis geschlagene Loch und wartete darauf, dass ein passabler Fisch anbiss. Dann tötete er ihn schnell und mit Abscheu. Er hasste dies sehr. Für ihn waren Fische und andere Bewohner des Meeres heilige Tiere, denen er nur ungern das Leben nahm, und sie dann aß. Aber in dieser Einsamkeit des Eises hatte er keine Wahl. Von irgend etwas musste er leben.

Schon seit er klein war, hatte man ihn ausgelacht, weil er sich weigerte, das Fleisch der Wale, Seehunde und Eisbären zu essen oder ihr Blut zu trinken. Er empfand sie als seine Brüder und Schwestern, und wer aß schon seine Verwandten. Jetzt, mit seinen 30 Jahren, hatte er immer noch keinen Eisbären erlegt, wie es das ungeschriebene Gesetz von einem Mann beim Stamm der Akkara verlangte. Deshalb war er auch immer noch ohne Familie. Keine der Frauen hatte Interesse an ihm gezeigt, denn für sie war er kein richtiger Mann. Er allerdings, beobachtete heimlich sehr wohl eine der Frauen ganz genau. Ela war auch eine Außenseiterin. Sie war still und leise. Fast unsichtbar schien sie für die anderen. Sie hielt sich immer im Hintergrund. Bei den Jagdfesten, in denen viel Alkohol die Kehlen der Jäger hinab floß, sah er sie immer etwas außerhalb der Lagerfeuer sitzen. Im Schein des Feuers wirkten ihre glänzenden Augen wie das tiefe Meer. Sie schien fortwährend zu träumen und sich gar nicht in dieser rauhen Wirklichkeit zu befinden. Genau das gefiel Anouk. Wenn er in ihrer Nähe war, beeindruckte ihn jede ihrer Bewegungen. Sie schien ihm viel anmutiger und zarter, als die anderen Frauen seines Stammes. Es hieß, sie wäre als Säugling verlassen in einem Iglu gefunden worden. Neben diesem führte eine Blutspur in Richtung Meer. Wahrscheinlich hatte ein Eisbär ihre Mutter getötet und fortgeschleppt. Die Frau, die den Dorfältesten geboren hatte, nahm sich des Kindes an. Keiner wollte es, alle dachten, es sei verflucht. Es wuchs, nahezu unbemerkt, bei dieser alten Frau auf. Man sah Ela niemals mit den anderen Kindern herumtollen, nicht einmal lachen. Aber Anouk, der schon zehn war, als man sie fand, sah sie heranwachsen und interessierte sich für sie. Wahrscheinlich war ihre Unauffälligkeit eine Überlebensstrategie, da man ihr immer noch mit Misstrauen begegnete.

In seinem Volk waren die Geister der Ahnen sehr lebendig, und alles was Überlieferung war, wurde unbesehen übernommen.

Für Anouk waren diese Überlieferungen ohne Bedeutung. Er hatte seinen eigenen lebendigen Bezug zu der unsichtbaren Welt. Wenn er tagelang draußen, auf dem zugefrorenen Meer, bewegungslos vor seinem Eisloch saß, war er in einem meditativen, tief entrückten Zustand. Dort kam er mit vielen inneren Wesen, - auch seinem Gott, - in Berührung. Die ausgedienten Botschaften seiner Stammes-Ahnen hatten für ihn keine Gültigkeit. Diese Überlieferungen wurden im Laufe der Generationen immer mehr verfälscht, so dass sie für ihn nicht mehr glaubhaft waren. Seine inneren Dialoge und Erlebnisse waren für ihn wahrhaftiger. Keiner konnte ihn da von etwas anderem überzeugen. Zu deutlich spürte er seine eigene Wahrheit, und er versuchte, sie in diesem Umfeld auch zu leben. Dies war alles andere als einfach. Da er viel Zeit in Einsamkeit beim Fischen verbrachte, konnte er sich mit seinen Träumen auseinander setzen.

Er wollte gerne mit Ela dieses Dorf verlassen und mit ihr woanders leben. Aber er fand einfach nicht den Mut, sie zu fragen, — nicht einmal sich ihr zu nähern. Er träumte lieber davon, malte es sich aus, wie er an sie die entscheidende Frage stellte. Daraufhin würde sie dann nicken, ihr Bündel schnüren, und sie könnten bei Nacht, in einem Schneesturm, das Dorf verlassen. Die

Fußspuren würde der Sturm verwehen, und niemand konnte herausfinden, wo sie hingegangen waren.

Als er sich gerade wieder einmal diese Szene mit geschlossenen Augen vorstellte, weit draußen auf dem zugefrorenen Meer mit seiner Angel sitzend, spürt er eine Bewegung an seiner Seite. Er öffnete die Augen und sah Ela. Sie blickte ihn aus ihren grünen, dunklen Augen an und nickte. Ja, sie nickte, und er fragte sich, wozu sie genickt hatte. Da sagte sie mit leiser Stimme: „Ja, ich komme mit dir, - beim nächsten Schneesturm, - es wird Zeit."

Freut Euch des Lebens

„Freut Euch des Lebens", rief ein hochgewachsener Mann, der stimmgewaltig die Fußgängerzone entlang ging. Immer wieder rief er es. Die Leute drehten sich verwundert um. Sah man doch sonst Menschen dort nur eilig und stumm, höchstens laut schimpfend, umherlaufen. Ein stiller Beobachter dieser Szene würde allerdings verwundert feststellen, wie sich nach der Wahrnehmung dieses seltsamen Rufers, die Menschen veränderten. Herausgerissen aus der üblichen Trance des Alltags, dem gehetzten Streben zu verschiedenen Zielen, begann ein kurzes Innehalten und Nachdenken, und die schnellen Schritte verlangsamten sich ein wenig.

Hätte ein Auraseher diese Szenen beobachtet, wäre

er sich der schlagartigen Veränderungen in den Farben bewusst geworden. Fast niemand blieb bei dieser Begegnung ohne Resonanz. Besonders gut Wahrnehmende hätten einen lichtenen Schatten hinter dem Rufer einhergehen sehen, dessen Licht, sobald es in die Auren der näher befindlichen Menschen eindrang, auch eine Erhellung der Spektralfarben bewirkte.

Der rufende Mann war nun am Ende der belebten Zone angelangt. Er bückte sich zu einem herrenlosen, streunenden Hund, der anfänglich zurückwich. Als der Mann seine Hand ausstreckte, robbte der struppige Vierbeiner auf dem Bauch zu ihm.

Mit der streichelnden Berührung verwandelte sich dieser Hund augenblicklich in ein wunderschönes Tier mit gepflegtem Fell. Die Unterwürfigkeit war gänzlich verschwunden. Es nahm zu Füßen des inzwischen verstummten Rufers Platz und strahlte eine Erhabenheit aus, die man in ihm vorher nie vermutet hätte. Beide bildeten ein Bild der Einheit, voll Anmut und Schönheit, wie sie da, wie angewurzelt, mitten in der Menge innehielten.

Dort stehen sie nun schon seit vielen Jahren, – eine wunderschöne Statue, – vor der jeder Tourist fasziniert innehält, um sie zu bewundern. Man erzählt sich die Geschichte hinter vorgehaltener Hand, dass dieser Rufer tatsächlich einmal existiert habe. Allerdings weiß man nicht, was zuerst da war: der Rufer mit seinem verwandelten Hund, oder die Statue, die dieses Gerücht erst in Umlauf brachte.

Der Wächter

Kein Land in Sicht. Er trieb schon eine Ewigkeit auf dem Wasser. Geklammert an diesen umgestürzten, schwimmenden Baum. Seine Haut schien sich schon vom Körper zu lösen. Sie war schrumpelig, an manchen Stellen aufgequollen und unansehnlich geworden. Er würde nicht mehr lange durchhalten, das wusste er. Sicher endete er als Wasserleiche, wenn nicht bald Land zu sehen wäre.

Wie hatte er sich nur darauf einlassen können. So eine dumme Wette. 26 km waren es bis zu der Insel. Wenn er sie nun verfehlt hatte, daran vorbei geschwommen war? Dann war er jetzt auf dem Weg ins offene Meer. Er war ein guter Schwimmer, aber auch er hatte nur einen menschlichen Körper und Grenzen. Nie hätte er sich auch nur vorstellen können, dass ihn jemals beim Schwimmen die Kräfte verlassen würden. Er kannte niemanden, der so gut schwamm wie er. Er hatte sie beim Marathon und um die Wette schwimmen immer alle geschlagen. Deshalb ließ er sich auch auf diese neue Herausforderung ein. Das hatte er nun davon. Bald würde die Sonne untergehen. Selbst wenn er im Dunkeln im Fünf-Meter-Abstand an der Insel vorbei trieb, so würde er es gar nicht bemerken. Er war verloren. Es geschah ihm recht mit seiner Angeberei. Als ob es nichts Wichtigeres gäbe.

Hängend am Stamm, döste er eine Weile, da riss ihn ein harter Aufprall aus seiner Zeitlosigkeit. Was war das? Die Sonne lag schon nahe am Horizont, malte ein wunderschönes, orange-goldenes Farbenspiel auf die leichten Wellen vor ihm. Er sah sich um. Was war das für ein Schlag? Es klang als wäre er irgendwo angestoßen. Weit und breit nur Wasser und der lange Baum, an dem er hing. Was war das links? Ein grauenhafter Schreck durchfuhr ihn. Er sah eine senkrechte Flosse. Oh mein Gott, – ein Hai! Das fehlte ihm noch. Seine Sinne waren plötzlich total wach, sein Körper in Alarmbereitschaft. Panisch spürte er nach unten, würde er ihm gleich ein Bein abreißen? Waren da noch mehrere dieser Ungetüme? Gott, - würde er so enden? Als ein blutender, zerfetzter Fleischklumpen im Magen eines oder mehrer Haie?

Er verfluchte sich selbst, wie konnte er nur so leichtsinnig sein. Immerhin war er schon 14 Jahre alt und müsste eigentlich mehr Hirn in seiner Birne haben. Die hochstehende Flosse umkreiste ihn jetzt in einem geringeren Radius. Dieses Ungeheuer schien allein zu sein, es waren keine anderen Flossen aufgetaucht. Aber egal, ob von einem oder mehreren Haien zerrissen, – tot war tot.
Er kramte in seinem gespeicherten Wissen über Haie, und verhielt sich ganz still, vermied jede Bewegung. Er erinnerte sich daran, dass er irgendwo gelesen hatte, dass Haie schwimmende Menschen oft mit Seehunden verwechselten. Er suchte voll Panik weiter in seiner Erinnerung: ob er sich vielleicht in der letzten Zeit eine Verletzung zugezogen hatte, durch die jetzt Blut austrat, das den Hai angelockt haben könnte. Vielleicht hatte er sich am Baumstamm verletzt. Ohne die kreisende Flosse aus dem Auge zu lassen, ging er fühlend

seine Körperteile durch. Er schien keinen Kratzer zu haben. Aber das würde ihn auf Dauer auch nicht retten.

Die Sonne hatte bereits das Meer erreicht. Wunderschön, – wie Gold glänzte die ganze Wasseroberfläche. Sobald es ganz dunkel war, würde das Biest garantiert zuschnappen. Ob Schreien den Hai vertreiben würde? Aber er hatte einfach keine Kraft mehr dazu. Dann fiel ihm ein, dass er ja zur Krone des Baumes schwimmen könnte, und vielleicht würde er durch das Geäst der Baumkrone besser vor Angriffen geschützt sein. Erleichtert zog er sich vorsichtig dorthin zurück. Dort hielten ihn vielleicht auch die Zweige besser fest, falls er irgendwann vor Erschöpfung einschlafen und vergessen sollte sich festzuhalten. Inzwischen war es nahezu Dunkel um ihn. Nur am Horizont, – unendlich weit weg, – sah er noch einen hellen Streifen. Die Haifischflosse konnte er nirgendwo mehr erkennen. So trieb er im zeitlosen Jetzt dahin. Ergeben schaukelte er in der Krone des Baumes auf und ab, – halb ohne Bewusstsein.

Es wurde schon hell, als er die Augen wieder öffnete. Von einem seltsamen Laut war er erwacht. Drei Meter vor ihm sah ihn ein Auge an. Als beider Blicke aufeinander trafen, ertönte wieder dieser seltsame Laut, und plötzlich erkannte er dieses Geräusch. Es war ein Kekkern, wie er es aus Filmen kannte.

Ein Delphin sprang aus dem Wasser, schlug in einem großen Bogen platschend wieder auf, umrundete ihn noch einmal und verschwand dann in den Weiten des Meeres.

Welana

Welana war goldrichtig. Sie war beliebt, gefragt, schön und begehrenswert, und die Männer liefen ihr scharenweise hinterher. Es gab eigentlich keinen Grund, sich zu beklagen. Überall, wo sie hinkam, flogen ihr die Herzen zu. Wenn sie ein Fest besuchte oder nur in einer lockeren Runde mit anderen zusammen war, sorgte sie für totale Unterhaltung mit ihren Geschichten und Erzählungen aus dem Leben. Sie konnte unentwegt reden, und alle lachten und fanden das, was aus ihrem Mund kam, sehr unterhaltsam und spannend. Für sie selber war dies ganz normal, und eigentlich kannte sie es gar nicht anders. Soweit sie sich zurück erinnern konnte, war es schon immer so. Sie hatte immer schon die uneingeschränkte Aufmerksamkeit ihrer Umgebung, und man hörte ihr gerne zu. Aber tief in ihr war trotz der Redegewandtheit, – ein Raum, in dem sie sprachlos war. Eine Art innerer Bereich, für den sie keine Worte hatte, und selbst das Hindenken in diesen Raum war mühsam. Sie verstand nicht, warum dies so war und oft dachte sie, sie bilde sich das nur ein. Aber diese Wortlosigkeit, – so schien es, – war immer öfter zu spüren, und dann kam es ihr auch so vor, dass sie vor allem in den wesentlichen Bereichen ohne Sprache war.

An der Oberfläche war sie spritzig, fröhlich und wortgewandt wie immer. Aber sie hungerte danach, sich anders mitteilen zu können. Sie verspürte ein tiefes Bedürfnis, diese Unzulänglichkeit los zu werden. Sie wusste genau, dass sie niemals von denen, die um sie waren, verstanden werden konnte, in dem was sie fühlte. So kam es, dass sie sich unendlich einsam fühlte, –

trotz der vielen Menschen, die sie ständig um sich hatte. Immer wieder schob sie diese Gedanken von sich, die ihr selbst fremd waren.

Eines Tages aber begegnete ihr auf einem ihrer Spaziergänge ein Mann. Sie standen wie zufällig am Geländer eines Aussichtsturmes, als sie bemerkte, dass er sie ansah. Sein Blick war derart intensiv, dass ihre Knie ganz zittrig wurden. Es war ihr unangenehm, diesem Blick stand zu halten. Es war ihr, als schauten diese Augen bis tief in ihre Seele und leuchteten ALLES in ihr aus, so dass er ihr ganzes Wesen vollständig erfasste. Das war ihr unheimlich. Wenn ihre Knie nicht so schwach und zittrig gewesen wären, hätte sie in Windeseile die Flucht ergriffen. So aber hielt sie sich am Gelände des Aussichtsturmes ganz fest und schaffte es nur mühsam, den Blick abzuwenden. Aber auch das schien nicht viel zu helfen, denn nun spürte sie seinen intensiven Blick auf sich ruhen. Der ganze Aussichtsturm fing an sich zu drehen, und machte es ihr unmöglich, sich zu bewegen.

Festgeklammert an dem Eisengestell, den Blick auf die schwankende, sich drehende Landschaft gerichtet, verlor sie beinahe das Bewusstsein. So stark war die Wahrnehmung von der rechten Seite, wo der nicht mehr junge Mann stand.

Dieser Zustand dauerte unendlich lange, – so schien es ihr, - indem sie wie in einer Lähmung verharrte. Dann allmählich normalisierten sich die Drehbewegungen, die Landschaft unter ihr fühlte sich wieder fest an, und auch ihre Füße konnten wieder richtig auf dem Boden stehen.

Ihre Hände, an denen die Knöchel weiß hervortraten,

konnte sie jetzt langsam von dem Geländer lösen. Sie fühlten sich wie in einem Krampf an, aber sie konnte sie wieder bewegen, und die Starre löste sich allmählich.

Sie blickte nach rechts, aber der mysteriöse Mann war verschwunden. An der Stelle, wo sie seine Gestalt gesehen hatte, glänzte jetzt ein funkelnder Stein. Sie schaute sich weiter um, aber es war niemand auf der ganzen Plattform zu sehen. Sie ging langsam auf die blinkende Stelle zu und bückte sich. Da sah sie, dass es ein kleiner weißer Kieselstein war, absolut reinweiß und die Oberfläche funkelte in den herrlichsten Regenbogenfarben. Sie hob ihn auf und bemerkte, dass dieser eine Herzform hatte. Sie betrachtete ihn lange in ihrer Hand und spürte ein Schaudern.

Sarina oder der andere Planet

„Sarina Liebes, wo bist Du denn schon wieder?" ertönte die Stimme ihrer Mutter. Nein, sie wollte jetzt nicht unterbrechen, immer zur falschen Zeit wollte Mutter etwas von ihr. Das Buch war gerade so spannend und so überhörte sie einfach das Rufen. Sie las gerade über die Entstehung des Planeten 5287. Es war ein Planet, auf dem es seltsame Wesen gab, die keine Furcht kannten, und sich nur in Gedanken verständigten. Es war eine Welt ohne Gegensätze, alle waren völlig friedlich und das Wort ‚Krieg' existierte nicht. Sie ernährten sich von seltsamen, schleimigen Gebilden, aus denen sie auch ihre Umwelt formten. Sie bewegten sich ganz lautlos mit mehreren Armen, und ihr Gesicht, sofern man es so nennen konnte, – bestand aus einem Auge, das sehr groß, in der Mitte eines Kopfes gewachsen war und einem Mund, der ständig auf und zu ging, – wie bei einem Fisch. Ihr Aussehen veränderte sich wabernd, wie ein ständiges Fließen, meist gemächlich, – aber ab und zu auch sehr schnell. Die Arme glitten unentwegt, — wie suchend — auf dem Boden hin und her, und sie schienen gleichzeitig ihr einziges Fortbewegungsmittel zu sein. Das Flackern ihrer Gestalten wurde manchmal so schnell, dass diese Wesen kurze Zeit wie unsichtbar waren und dann für eine Weile verschwanden, um plötzlich, an einem anderen Ort, wieder aufzutauchen. Manchmal veränderten sich die Farben und auch die Muster auf ihrem Körper, aber überwiegend waren sie grau, so wie die Nahrung, die sie vom Boden aufnahmen.

„Du kommst aber jetzt sofort zum Essen, ich habe dich schon dreimal gerufen". Sarinas Mutter stand im Türrahmen und ihr Ton war schärfer geworden. Das Mädchen stand auf, markierte die Seite des Buches bevor sie es schloß und folgte seiner Mutter in das Esszimmer. Auf dem Tisch dampfte eine wohlriechende Suppe. Von ihrem gefüllten Teller schlürfte sie genüsslich die Flüssigkeit, und allmählich verwandelte sich die Kohlrabi-Suppe in eine gräuliche, schleimige Substanz, und Sarina wurde zu einem der einäugigen Wesen, das grauen Schleim aß. Mit jedem Löffel wurde sie mehr zu diesem außerirdischen Geschöpf. Mit einem Mal hörte sie auch, was ihre Mutter dachte: ‚Dieses Kind bringt mich noch um, wieso ist es nicht wie die anderen Kinder und spielt draußen mit seinen Freunden. Immer diese Bücher, aber sie war schon immer wie ein Wesen von einem anderen Stern. Sie ist eben krank!'

Sarina war satt, stand vom Tisch auf und bewegte sich langsam, wie in Zeitlupe, zum Treppenhaus, um wieder in ihr Zimmer zu gehen. Die Mutter sah ihr nach und beobachtete, wie ein graues, unscheinbares Mädchen, mit langen Haaren und kurzen, verkrüppelten Beinchen mühsam die Treppe hoch wankte, – auf allen Vieren.

Im Verborgenen

Einst lebte im Verborgenen ein Wesen, über das die Menschen nur hinter vorgehaltener Hand zu sprechen wagten. Es hieß nämlich, dass man verflucht sei, wenn man den Namen dieses mächtigen Wesens laut aussprach. So kam es, dass seit Generationen niemand mehr den Namen wusste, weil keiner es gewagt hatte, ihn auch nur im Flüsterton auszusprechen.
Jahrzehnte strichen über das Land und es gab viele Legenden und Fabelgeschichten über dieses Wesen.

Die Menschen hatten große Angst, dass sie aus Versehen dieses gefährliche Wort aussprechen könnten. Und so kam es, dass die Menschen, die um jenen sagenumwobenen Ort herum wohnten, immer weniger miteinander sprachen. Nur ungefährliche Worte sagten sie noch zu einander, von denen sie sicher waren, dass sie keinesfalls den Fluch auslösen konnten. So verarmte ihre Sprache immer mehr, denn diese Unsicherheit verschloss ihnen beinahe den Mund.

Jelanka und Parus liebten sich schon seit der Schulzeit. Sie waren auch viel zusammen, aber wie alle aus der Gegend, fürchteten sie sich vor falschen Worten. So grüßten sie sich meist nur mit den Augen oder verständigten sich mit Gesten. Sie liefen stundenlang, sich an den Händen haltend, in ihrer Freizeit über die Wiesen und Felder. Lange Zeit genügte ihnen das auch. Doch Parus wollte seine Freundin gerne fragen, ob sie seine Frau werden wolle, und ihr auch sagen, dass er sie liebe. Viele Nächte schon hatte er darüber nachgedacht, welche Worte er dabei benutzen wollte, aber keine Formulierung kam ihm wirklich ungefährlich vor. So blieb es bei den wortlosen Treffen mit Jelanka, der es genauso ging. Sie wollte ihm ebenso sehr ihre Liebe gestehen, aber auch sie hatte Angst vor der Wortwahl.

Viele Jahre später, Jelanka und Parus, waren schon im Greisenalter, kam ein fremder Reiter in ihr Dorf. Er wunderte sich nicht schlecht über dieses stumme Volk, denn inzwischen hatten die Bewohner des Dorfes gar keine Worte mehr verwendet. Der Fremde war Arzt und ließ sich für eine Weile am Ort nieder. Er wollte ergründen, was es mit dieser Stummheit so vieler Menschen auf sich hatte. Allmählich fassten die Dorfbewohner Zutrauen und kamen mit allerlei Wehwehchen zu ihm. Sie zeigten auf erkrankte Glieder, Hals oder andere Körperteile, um ihm auf diese Weise mitzuteilen, wo es weh tat. Er konnte den meisten helfen, studierte aber heimlich ihre Hälse und Sprechorgane. Aber es war nicht zu erkennen, warum diese Menschen nicht sprachen.

Er grübelte gerade über diese Geschichte, während er über den Feldweg spazierte, da sah er eine Greisin am Stock vor sich hergehen. Er konnte sie schnell einholen, da sie schon sehr gebrechlich war. Sie bemerkte ihn offensichtlich hinter sich nicht, denn sie murmelte ständig etwas vor sich hin.

Der Arzt spitzte die Ohren und war sehr neugierig. So lange schon hatte er kein einziges Wort mehr gehört. Aber da die alte Frau nur vor sich hin murmelte, konnte er trotz Anstrengung nichts verstehen. So entschloss er sich, die Frau anzusprechen: „Guten Tag, liebe Frau, schönes Wetter heute nicht?" Die Alte würdigte ihn keines Blickes, wahrscheinlich war sie schwerhörig, dachte der Arzt. Mit lauter Stimme sprach er sie noch einmal an: „Schönes Wetter heute, nicht?" - „Sie brauchen nicht so zu schreien, ich höre noch gut!" antwortete die alte Frau. „Entschuldigung" murmelte der Arzt.

Dann versuchte er es noch einmal: „Seltsam, Sie sind die erste hier im Dorf, die überhaupt mit mir redet." Sie reagierte nicht. Nach einer Weile, als er es schon fast aufgegeben hatte noch ein Wort von ihr zu hören, kam ein Schwall von heftigen Worten aus ihrem Mund: „Was soll's, ich bin alt genug zum Sterben. Ich habe lange genug geschwiegen, mein ganzes Leben lang. Soll er mich doch holen!" „Wer denn?" der Arzt war über die Heftigkeit ihrer Worte erstaunt.

Die alte Frau war Jelanka, und sie erzählte ihm von der Sage, und dass diese der Grund war, warum in der ganzen Gegend keiner mehr sprach. Sie berichtete ihm, dass schon seit Generationen keiner mehr geheiratet hatte, weil keiner wagte, den anderen zu fragen, oder auch nur ihm seine Liebe zu gestehen. So war das Dorf beinahe kinderlos und sie würden wohl aussterben. Dann klagte sie ihm ihr eigenes Schicksal, dass auch sie und ihr Geliebter nie gewagt hatten über ihren Ehewunsch zu sprechen, aus Angst vor dem Fluch, wenn sie das falsche Wort sagten. Sie war ihr Leben lang allein geblieben, schloss sie den Bericht und rief wütend: „Soll er mich doch holen, der Verfluchte, ich bin bereit!"

Das war also die Erklärung, warum die Menschen hier nicht mehr sprachen. Nachdenklich ging er zurück in die Praxis und beschloss den unseligen Ort bald zu verlassen.

Zwei Wochen später sattelte er sein Pferd, schwang sich darauf und ritt die Dorfstraße hinunter.

Er sah die alte Jelanka dort. Neben ihr ein alter Mann. Sie gingen dicht nebeneinander und unterhielten sich angeregt. Sie hatten sich wohl eine Menge zu erzählen. Jedenfalls winkten sie ihm fröhlich zu als er fortritt.

Graubein und der Hofhund

Es war einmal ein Esel, der dachte, er wäre ein Hund. Deshalb verhielt er sich auch so. Er riss ständig aus. Von der Koppel, auf die er jeden Tag gebracht wurde, entwischte er immer nachts, indem er sich ganz klein machte und sich dann unter der niedrigsten Stange hindurch zwängte. Er war schlau, dieser Esel. Niemand beobachtete ihn dabei, denn er wusste, dass sie ihm sonst diese Fluchtmöglichkeit nehmen würden. So kam niemand auf die Idee, dass er tatsächlich unter der letzten Stange hindurch geschlüpft war, denn ein Esel würde das ja sonst niemals tun. Sie dachten immer, dass er ein ausgezeichneter Springer wäre und erhöhten jede Woche den Koppelzaun.

Esel Graubein fand es lustig, dass die Menschen so dumm waren und ihm nicht auf die Schliche kamen. Allerdings fand er es weniger lustig, dass er einfach nicht in die Hundehütte passte. Er wünschte sich nichts sehnlicher, als ein Wachhund zu sein. Er hatte miterlebt, wie der Wachhund, der vorher den Hof bewacht hatte, eines Tages, vor seinen Augen einen Herzanfall bekommen hatte und gestorben war. Er hatte den Schmerz im Herzen des Hundes wie am eigenen Leibe gespürt.

Um nun die Rolle dieses Hundes einzunehmen, müsste er aber in der Hundehütte leben, denn die Zeit der großen Regenfälle war angebrochen. Es war nicht gerade Hundeart, und übrigens auch nicht Eselsart, draußen im Regen zu schlafen. Das war sehr ungemütlich, und in der letzten Zeit hatte er unter einer Erkältung gelitten, die er sich in den langen Regennächten eingefangen hatte. In der Koppel hatte er einen Offenstall, das hieß, er konnte sich unter ein Dach stellen. Ein Wachhund hatte eine Hundehütte, in der er schlafen konnte und von dort aus wachen.

Nach zwei Wochen ohne wirklichen Nachtschutz wurde seine Erkältung immer schlimmer, und er bekam einen lauten trockenen Husten, der weithin zu hören war.

Dieser Husten hörte sich tatsächlich an wie ein Bellen. Langsam gab Graubein den Versuch auf, in die Hundehütte schlüpfen zu wollen. Er lag stoisch im Hof herum und bellte seinen Husten durch die Nacht. Am Morgen wurde er zu seiner Koppel gebracht. Und so ging es viele Wochen.

Eines Tages sah er von der Koppel aus, dass ein neuer Hund vor der Hundehütte saß. Er sollte den alten Hofhund ersetzen, der vor zwei Monaten gestorben war. Kurz vor Mitternacht kroch Graubein wieder unter der Stange durch und wollte sich vor die Hundehütte legen. Aber dieser neue Hund gebärdete sich wie ein Verrückter und biss ihn doch tatsächlich in die Beine, wenn er zu nahe kam. Der Esel bekam vor lauter Empörung einen sehr langen Hustenanfall.

So kam es dass die Menschen trotz der späten Stunde aufwachten und raus auf den Hof liefen. Und was sahen sie? Einen tobenden Hund und einen hustenden Esel. Sie schüttelten den Kopf, holten einen Strick und führten den Esel in seine Koppel zurück. Von nun an wurde Graubein jede Nacht in seiner Koppel angebunden, denn die Menschen wollten einen ruhigen Schlaf.

Graubein aber wurde immer unglücklicher. Auch wurde seine Erkältung und sein Bellen, - äh Husten, - immer schlimmer. Der Tierarzt gab ihm Antibiotika für seine mittlerweile ausgebrochene Lungenentzündung. Nichts half! So starb er bald darauf, und seine Seele schwebte in den Hundehimmel. Dort war er sehr glücklich!

Auf dem Hof jedoch ereignete sich etwas sehr Merkwürdiges. Der neue Hofhund begann sich ab dem Tod des Esels sehr seltsam zu benehmen. Auch er hatte sehr genau miterlebt, wie der kranke Esel verstorben war. Nun fraß er plötzlich Gras und bellte nachts nicht mehr. Manchmal gab er schaurige Töne von sich, die einem Eselsschrei ähnelten.

4. Kapitel: Zum Schmunzeln

Emausi

„Na du? Was machst du hier so allein?" wollte Emausi wissen. Der kleine Frosch antwortete nicht, sondern hüpfte stattdessen auf den Rücken des Nagetiers.
 „Bist du verrückt?" Emausi war total empört, damit hatte er nicht gerechnet. „Was willst du auf meinem Rücken, ich bin doch nicht Deine Mami!"
 „Bist du nicht?"
 „Nee, sehe ich vielleicht so aus?"
 „Weiß nicht, - wie sehen denn Mamis aus"
 „Ja, weißt du denn nicht wie eine Froschmami aus-

sieht?"

„Nein, das weiß ich nicht. Ich bin aus so was Rundem, Weißem rausgekommen und war ganz allein."

„Das ist doch ganz normal. Und das nennt sich Ei und überhaupt, waren da nicht noch andere Frösche?"

„Hab' keine gesehen."

„Also, gut, ich werde es dir erklären: Ein Frosch ist eine Amphibie und alle Amphibien wachsen in Eiern, schlüpfen dann und kriechen, laufen oder hüpfen auf ihren eigenen Beinen durch die Welt. Sie hüpfen auf jeden Fall nicht auf Mäuse und lassen sich tragen. Also, geh endlich runter von mir!"

„Warum denn?"

„Herrgott noch mal! Du bist eben ein Frosch, ganz eindeutig und ich bin ein Säugetier und keine Amphibie."

„Was ist eine Amphibie? "

„Das ist ein Tier, das sowohl im Wasser, als auch an Land lebt. Aber hier ist kein Wasser sondern Land, und Du bist auf dem Land."

„Und wieso bist Du dann auf dem Land und ich darf es nicht?"

„Oh, du heiliger Mäuserich, natürlich bin ich an Land, denn ich hasse das Wasser"

„Ich auch!"

„Warst du denn schon im Wasser?"

„Nein"

„Also, wie kannst du es dann wissen? Also, noch einmal – ICH BIN EIN SÄUGETIER"

„Was ist denn ein Säugetier?".

„Puh, bald reißt mir der Geduldsfaden! Ein Säugetier wird von einer Mutter geboren und gesäugt, das heißt,

sie erhält von der Mutter Milch"
„Und warum bekomm ich dann keine? "
„Weil du kein Säugetier bist und keine Mutter hast"
Der kleine Frosch fing bitterlich an zu weinen.
„Was ist denn nun los?"
„Na, ich habe doch keine Mutter und du schon" schluchzte der Kleine.
„Aber du brauchst doch auch keine!"
„Wieso denn nicht? "
„Weiß ich auch nicht so genau." Emausi wurde nachdenklich.
Eigentlich tat ihm der Kleine leid. Er konnte sich noch sehr genau erinnern, wie er ganz klein war und sehr froh war, dass seine Mutter ihn säugte und sich um ihn kümmerte.
„Na, gut" meinte Emausi zu dem Minifrosch „eine Weile werde ich dich tragen, aber jetzt sei still, ich muss nachdenken."
Er grübelte eine ganze Stunde, aber er kam zu keinem Ergebnis. Da kreuzte eine Ratte ihren Weg. Die Ratte Langschwanz kugelte sich vor Lachen auf dem Boden, als sie die beiden sah. „Was ist denn das? So etwas hat die Welt noch nicht gesehen."
„Du hast gut lachen" meinte Emausi „die arme Kreatur da auf meinem Rücken ist ganz allein und weiß nicht wie sie überleben kann, sie weiß nicht mal, dass sie ein Frosch ist."
Schlagartig hörte das Lachen auf. Langschwanz kratzte sich hinter dem Ohr: „Hmm, das ist ja seltsam, habe ich noch nie gehört, ist aber irgendwie traurig."
„Genau, deshalb frage ich dich, ob du eine Idee hast."
„Na, Frösche fangen Fliegen und so was Ähnliches,

das muss er eben lernen"

„Und wie soll ich es ihm beibringen? „

„Na, fürs erste müsste es reichen, wenn du ihm eine Fliege zeigst und vielleicht auch erst mal vormachst, wie man eine Fliege fängt. „

„Toll, und wie fängt man eine Fliege?"

„Na, so wie seine Mutter es ihm beibringen würde!"

„FRÖSCHE HABEN KEINE MÜTTER!" Emausi wurde langsam gereizt.

Ein jammeriges Quaken ertönte von Emausis Rücken.

„Jetzt hast du ihn erinnert, dass er keine Mutter hat" vorwurfsvoll blickte der Mäuserich die Ratte an.

„Wieso ich, du hast doch ganz laut gerufen, dass Frösche keine Mutter haben."

„Jetzt lass uns nicht streiten, hilf mir lieber."

Schließlich ließ sich die Ratte darauf ein, eine Fliege zu fangen. Das dauerte sehr lange, und als Langschwanz endlich eine mit dem Schwanz erwischte, war sie ziemlich zermatscht. Er reichte sie dem Frosch, der schnupperte nur daran und wandte sich angeekelt ab.

„Was, du magst sie nicht?" schrie die Ratte empört.

„Nein, ich will Milch von meiner Mami."

„Oh, glorreiches Mäusefell, Frösche trinken keine Milch, die würdest du gar nicht vertragen!" rief entnervt Emausi.

„Also, am Besten ist es, wir suchen einen See, und du setzt dich mit dem Kleinen an den Rand, und wenn eine Fliege vorbei fliegt, wird er sie schon schnappen. Er wird ja irgendwann hungrig sein" meinte Langschwanz.

Gesagt getan. Sie wanderten zu dem nahegelegenen See. Dort legten sie sich auf dem Steg, der vom Ufer aus in den See ragte. Der kleine Frosch wollte aber nicht vom Rücken der Maus heruntergehen, sondern dort auf eine vorbeifliegende Fliege warten.

Endlich surrte eine dicke Schmeißfliege heran, und der kleine Frosch konnte nicht widerstehen, hüpfte genau im richtigen Moment auf das Insekt zu, landete mit ihm im Wasser, - und war verschwunden. Ratte und Maus waren verblüfft. So einfach hatten sie sich diese Lehrstunde nicht vorgestellt. Sie starrten stumm auf die Stelle im See, wo der Frosch verschwunden war. Es waren nur noch Wasserkreise sichtbar. Schließlich drehten sie sich um und hatten den Steg schon hinter sich gelassen, als sie plötzlich ein Stimmchen hörten. In tiefster Not schrie der kleine Frosch: „Hilfe!"

Maus und Ratte blickten sich fassungslos an. Ein Frosch der nicht schwimmen konnte?

„Da geh ich nicht rein!" rief die Maus. Die Ratte blickte sich um und nagte einen langen Halm von einem Schilfhalm zurecht, der da herum lag und trug ihn zum Ufer. Sie schob ihn über die Wasserfläche und das Fröschlein hielt sich mit letzter Kraft daran fest. Nun kam Leben in die Maus, und sie half der Ratte, das Schilfrohr samt Frosch an Land zu ziehen. Sie sahen auf den prustenden Kerl, der kaum noch atmen konnte, als hinter ihnen ein lautes Gelächter ertönte. Sie sahen sich um, und da war eine Riesenkröte, die sich vor Lachen den Bauch hielt. Schließlich sprach sie zu den beiden Rettern: „Was seid ihr für Dummköpfe, das ist eine Kröte, die kann nur im Babyalter als Kaulquappe schwimmen, danach schwimmt sie nur in flachen Gewässern ein wenig herum. Im tiefen Wasser ertrinken wir."

Nach einer kleinen Pause meinte die Kröte Bufo: „Ich

nehme den kleinen Kerl jetzt mit und unterweise ihn, sonst wird er noch ein Nagetier." Mit dem Frosch, der dachte, er wäre eine Maus auf dem Rücken, hüpfte sie in großen Sprüngen davon, und die beiden Zurückgebliebenen hörten noch lange ihr Quaken, das sich immer noch ziemlich nach Lachen anhörte.

Bedauernswerte Geschöpfe

Schon wieder streichelte er dieses Vieh. Wieso war er immer so zärtlich zu dieser Katze und kam nicht einmal auf die Idee, sie genau so zart zu streicheln. Sie winkte schon immer mit dem Zaunpfahl, indem sie sich sofort an ihn schmiegte, wenn er gerade wieder einmal seine Katze verwöhnte. Aber er streichelte ihr höchstens einmal über die Wange. Er verstand einfach nicht! Stattdessen schien er ihre Nähe als Aufforderung zu betrachten, von all seinen früheren Felltieren, die er schon von Kindheit an kannte, zu erzählen und konnte kaum wieder gestoppt werden.

Während sie so an ihn gelehnt verweilte, - er immerfort erzählend und dabei Minka ausgiebig kraulend, – spürte sie schon nach wenigen Minuten, wie ihr der Hals zu schwoll, das Atmen schwerer fiel, und sie anfing zu schniefen und zu husten.

Ungerührt schwelgte er weiter in seinen Erinnerungen und fragte sie sogar, ob sie sich nicht noch ein zweites Tierchen aus dem Tierheim holen sollten. Dort wären so viele bedauernswerte Geschöpfe, die kein angemessenes Zuhause hatten.

Diese Frage musste er sich selbst beantworten, denn sie hatte sich inzwischen, aus verständlichen Gründen, in einen weitgehend katzenfreien Raum, – dem Schlafzimmer, – zurück gezogen. Allerdings mit einem Adrenalinschub, mit dem es schwer war, einzuschlafen. Außerdem war es noch viel zu früh dazu. Also lag sie immer noch mit laufender Nase und von Hustenanfällen geschüttelt, völlig wach im Bett und sinnierte nach verträglichen Lösungen.

Seit drei Monaten ging dies nun schon so. Auf die Schilderungen der Symptome, die bei ihr, aufgrund der Katzenhaarallergie, aufgetreten waren, hatte er nur ein mitleidiges Lächeln gehabt.

Ihre Liebe war groß, und sie war beileibe kein gewalttätiger Mensch. Aber langsam entwickelten sich bei ihr barbarische Tagträume. Nein, sie wollte sich ihr Karma nicht verderben, - mit einem Mord, - und so blieb ihr nur eine Lösung.

Als er zur Arbeit gegangen war, holte sie seinen Rasierapparat und begann, trotz heftiger Gegenwehr, das süße Kätzchen zu rasieren. Das war ein anstrengendes Stück Arbeit. Aber schließlich schaute sie zufrieden auf die wild umherspringende Minka, die immer noch unentwegt fauchte.

Auf dem Kopf und dem Schwanz ließ sie der Katze noch ein kleines Krönchen, und auch das Gesicht war noch behaart. So, das war gelungen! Diese Aktion würde zumindest Abhilfe bei ihrer Allergie schaffen.

Je näher der Abend kam, und sie ihren Liebsten erwartete, desto mulmiger wurde ihr. Gegen 18 Uhr hatte sie ihre Tasche, mit all ihren Habseligkeiten, gepackt und verließ das Haus, gerade noch rechtzeitig. Als er die Haustüre aufschloss, stand sie bereits auf dem gegenüberliegenden Gehsteig.

Sie sah wie die Lichter im Wohnzimmer angingen. Erst Stille, dann ein furchtbarer Schrei. Schnell nahm sie die Tasche auf und ging sehr beschleunigten Schrittes zum Bahnhof, den gellenden Schrei auf Lebzeiten in den Ohren.

Die kurze Urlaubsreise

Polly und Georg trafen bereits Reisevorbereitungen. In zwei Tagen würden sie in die Berge fahren. Polly raste aufgeregt durch das Haus und konnte ihre Gedanken nicht zusammen halten. Tausenderlei Ideen spukten in ihrem Kopf herum. Ihr wurde ganz bange. Wie sollte sie die Koffer packen und nichts Wichtiges vergessen, wo sie sich nicht einmal auf die einfachsten Dinge konzentrieren konnte. Georg dagegen saß seelenruhig am Schreibtisch und erledigte noch die Post. Er schrieb Überweisungen und ordnete Papiere. „Was rast Du hier wie ein kopfloses Huhn herum?" rief er seiner Frau zu. Die schlug ihm beim nächsten Vorbeigehen mit der Plakatrolle auf den Kopf.

Polly fehlten die Worte: statt ihr zur Seite zu stehen und ihr zu helfen, machte er sich auch noch lustig über sie. Das fing ja gut an. Georg grinste, er kannte das schon, er wusste wie das ausging! Sie würde schließlich zwei oder drei Stunden vor der Abreise völlig in sich zusammensinken, wie ein angepikster Luftballon, und dann würde er seine verzweifelte, weinende Frau in den Arm nehmen und alles weitere erledigen. Es war immer dasselbe vor den Urlaubsreisen. In diesem Punkt war sie nicht lernfähig, es war, als müsste sie immer wieder von Neuem ein altes Programm abspulen. Diesmal aber hatte er sich etwas anderes ausgedacht. Diesmal würde er sie reinlegen. Georg hatte ihr den Tag davor als Reisedatum mitgeteilt und sie würde sozusagen einen Tag vorher zusammenfallen. Er würde sie diesmal aber nicht auf die übliche Weise trösten, sondern gar nichts tun. Er hoffte, so den ständigen Kreislauf der Panik zu durchbrechen. Schließlich wollte er noch viele Jahre mit ihr gemeinsam reisen und nicht jedes Mal dieses zermürbende Theater miterleben, das wirklich an den Nerven zerrte.

So geschah es. Am angeblichen Reisetag zwei Stunden vor der Abfahrt brach seine Frau wie immer auf der Couch zusammen und weinte bitterlich. Er reagierte nicht, und seine Frau hörte schlagartig auf zu Weinen. Das verblüffte ihn, das hatte er nicht erwartet. Er sah ihr erstaunt zu wie sie langsam und ruhig die Treppen hochging, sie sagte kein Wort zu ihm. Das war neu. Er dachte noch, wahrscheinlich hat sie sich völlig erschöpft aufs Bett gelegt. Nach fast zwei Stunden völliger Stille im Haus, wurde er nun doch unruhig. Sicherlich war sie eingeschlafen. Georg war schon halb die Treppe hoch gegangen, als es an der Türe läutete. Er machte kehrt und ging zur Eingangstüre, öffnete sie und ein etwas korpulenter Mann rief in sein fragendes Antlitz: „Taxi! Sie wollen zum Flughafen?" — Georg begriff nichts, war erst einmal völlig verwirrt und murmelte dann: „Einen Moment bitte!" Hinter Georg hörte er seine Frau flöten: „Komm Georg, alles ist fertig. Hilf

mir bitte den großen Koffer herunter zu transportieren."
Georg starrte seine Frau an, die fertig angezogen, geschminkt und mit zwei großen Reisetaschen in der Hand vor ihm stand und hörte sie noch hinzufügen: „Jetzt halt nicht Maulaffen feil. Der Fahrer hat nicht soviel Zeit. Und überhaupt, wieso hast Du noch Deine Filzpantoffel an und bist im Schlafanzug?"

Das ersehnte Paket

Verdammt, schon wieder keine Post. Sie wartete nun schon drei Wochen auf Antwort.
Allmählich hielt sie es nicht mehr aus. Aber was konnte sie schon tun? Sie war dazu verurteilt brav zu warten. Und Warten war nicht gerade ihre Stärke. Elvira ging schweren Schrittes wieder hinauf in den achten Stock. Schweratmend kam sie oben an. Lange würde sie das nicht mehr schaffen. Wie konnte man solche Häuser bauen? Acht Stockwerke und kein Aufzug, das sollte strafrechtlich verboten sein. Nun gut, sie wohnte wirklich billig und die Aussicht war phänomenal. Aber mit zunehmendem Alter war sie auch zunehmend hinfälliger geworden. Einzig und allein dieses verdammte Gerät versprach Verbesserung ihrer Kondition, und eine super-körperliche Verfassung brauchte sie bei dieser Höhenbewältigung immer nötiger.
Wenn es stimmte, was dieses Trampolin versprach, würde sie bald schon mühelos die unendlichen Stufen hinaufsteigen können. Lange hatte sie sich mit dieser Entscheidung gequält. Das Gerät war wirklich nicht bil-

lig, und ihre monatlichen Einkünfte mehr als gering. Sie würde das zurückgelegte Geld für ihre neue Waschmaschine hernehmen und zu Gott beten, dass er diese noch ein paar Monate überleben ließ. Die Geräusche aus der Trommel waren richtig unheimlich, und die Waschleistung ließ in letzter Zeit wirklich zu wünschen übrig. Und nun war Elvira unverrichteter Dinge wieder vom Briefkasten zurück gekommen. Die Firma, die diese Super-Trampolins lieferte, hatte versprochen, dass zwei Tage vor der Absendung ein genauer Lieferungstermin per Post geschickt werden würde. Letzte Woche dachte sie schon erfreut, dass es jetzt soweit wäre. Aber als sie den Brief hastig öffnete, war darin nur ein Schreiben, dass dieses Trampolin im Moment leider vergriffen sei, und sie aber sofort eine Nachricht per Post erhalten würde, sobald es wieder verfügbar sei. Sie solle doch die Vorfreude schon einmal genießen. Oh ja, das tat sie. Und wie! Beschwingt lief sie jeden Mittag die 144 Stufen zum Briefkasten. Jedes Mal war sie voller Freude und erwartete, mit all ihren Sinnen, die freudige Nachricht des ersehnten Liefertermins. Und jedes Mal war ihre Enttäuschung abgrundtief. Ernüchtert quälte sie sich dann, ohne die Benachrichtigung, erneut wieder in das achte Stockwerk hinauf.

Jeden Tag verfluchte sie dieses alte Gemäuer, denn sogar die Türglocke funktionierte nicht. So konnte sie sich auch nicht darauf verlassen, dass ihr die Spedition einfach das Gerät vor die Türe brachte, egal wann. Sie würden sicherlich nach erfolglosem Läuten wieder gehen und das langersehnte Fitness-Gerät wieder mitnehmen. Sie hätte sich auf diesen Kauf gar nicht einlassen sollen. Aber nun hatte sie den gesamten Betrag bereits überwiesen, und es blieb ihr nichts anderes übrig, als weiterhin täglich die unendlichen Stufen hinauf und hinunter zu marschieren. Nach mehr als einem Monat, — sie war gerade wieder auf dem Rückweg von ihrem wöchentlichen Einkauf zu ihrer Wohnung, und hatte in jeder Hand eine schwere Einkaufstasche, - da sah sie vor ihrem Haus einen Transporter stehen. Eine riesige Freude durchfuhr sie, und tatsächlich zwei junge Männer gingen mit einem übergroßen flachen Paket hinein und wollten zu ihr. Elvira erklärte den Trägern, wo sie wohnte und ging mit flotten Schritten voraus. Ächzend kamen die Trampolin-Träger oben an und Elvira quittierte die Lieferung. Freudig schleppte sie das Gerät in ihr Schlafzimmer und packte es aus. Sie bewunderte die blaue Farbe und den silbernen Rand, schraubte die sechs Füße daran, und ihr Herz jubelte. Ihre Freude musste sie sofort ihrer Nachbarin erzählen, der hatte sie schon sehr oft von diesem Ding vorgeschwärmt. Die kam auch gleich mit, um es zu bestaunen. Stolz zeigte Elvira ihr das Trimmgerät und begann auch gleich es auszuprobieren.

Breitbeinig, - erst einmal das Gleichgewicht auslotend, begann sie leicht zu schwingen. Es klappte alles prima, und Elvira probierte mutig größere Sprünge. Voller Freude hüpfte sie grinsend immer höher und schließlich wagte sie einen besonders kräftigen Sprung und….Die Nachbarin beobachtete hilflos den Supersprung von Elvira, sah wie sie mit dem Kopf an die Wohnungsdecke prallte und mehrmals aufdopsend schließlich bewusstlos auf dem Trampolin lag. Die Nachbarin rief sofort den Notarzt, und der kam nach ca. einer halben

Stunde schwer atmend, bei Elvira an, die immer noch bewusstlos war.

Der Arzt untersuchte sie und die Sanitäter hoben sie vorsichtig in ihr Bett. Als Elvira endlich die Augen aufschlug grinste der Arzt sie an und meinte: „Na wieder da? Also, Sie haben eine ordentliche Gehirnerschütterung und sie sollten dieses Gerät da in der nächsten Zeit lieber nicht benutzen. Bleiben Sie eine Woche im Bett! Ansonsten sind Sie für eine 85 Jährige in außerordentlich guter Verfassung. Selten so eine fitte Frau in Ihrem Alter gesehen."

Madame Zimberlin

Sie freute sich sehr über die aktuelle Nachricht von den neu gewählten Vertretern des Seifenkonzern „Allrein". Es ging nämlich das Gerücht um, dass die Seifen von „Allrein" die Fähigkeit besaßen — alles, aber auch wirklich alles, blütenrein zu säubern. Der neue Vorstand machte zudem publik, sobald jemand irgend etwas finden würde, was diese Seife nicht reinigen könnte, derjenige eine lebenslange Rente von monatlich 5000 Euro bekäme.

Super, dachte sich Madame Zimberlin, diese Rente bekomme ich, und ab diesem Tag untersuchte sie unermüdlich alle möglichen und unmöglichen Sachen, um den Beweis anzutreten. Sie prüfte Seide, Wolle, Felle, Leder, Teppiche, Sessel, Polster und Bettwäsche. Sie wusch damit ihren Pudel Zamperl, ihre Katze Lotos, sogar die Schildkröte des Nachbarjungen, die daraufhin wieder mit einem hellen, fast leuchtenden Panzer herum kroch. Sie reinigte damit Böden, Hauswände, Dächer, sogar die Straße vor ihrem Haus putzte sie mit Eifer. Alles in ihrer Umgebung war blitzsauber. Allmählich gingen der Madame die Ideen aus, was sie noch alles sauber machen könnte. Aber Madame Zimberlin war nicht bereit aufzugeben. Sie packte sich einen Rucksack mit einem riesigen Seifenblock und ging jeden Tag auf Tour, um neue Gelegenheiten zu finden, die sie ausprobieren konnte. Doch oh Wunder, sogar die Bäume, die Schwimmbäder, die Steinstufen zur Kirche und deren Altäre, wurden sauberer. Inzwischen hatte sie völlig wunde Hände, und auch ihre Knie schmückten Hornhäute, weil sie so häufig darauf kniete, während sie putzte. Sie musste unbedingt eine Pause einlegen, damit ihre Hände wieder heilen konnten, und ihr der Rücken nicht mehr so weh tat.

Aufgeben wollte sie aber auf keinen Fall. Sie gönnte sich nur eine kleine Pause. Eines Nachts hatte sie einen Traum: Sie träumte, sie käme in die Hölle, und nach dem ersten Erschrecken begann sie wahrzunehmen, dass alle die in der Hölle schmorten ganz rußig und schwarz waren vom Höllenfeuer. Der Teufel selbst war der Schwärzeste aller Gesellen. Nun kam ihr die Idee, sie könne doch den Teufel mit der Seife schrubben, und sie fragte ihn höflich, ob sie ihn säubern dürfe. Der Teufel bekam einen Lachanfall, so etwas hatte er noch nie gehört, und er willigte ein. Gleich machte sich Madame daran den Teufel einzuseifen. Sie schrubbte ihn kräftig, aber obwohl sich das Badewasser immer dunkler färbte, der Teufel blieb so schwarz und wurde keinen Deut heller. Verzweifelt schrubbte und schrubbte sie, aber der Teufel lachte und lachte nur. Von seinem grässlichen Lachen wachte sie schließlich auf.

Lange dachte sie über diesen Traum nach. Es konnte ja wirklich wahr sein, dass der Teufel in der Tat nicht zu reinigen war. Aber wie konnte sie das der Firma „Allrein" beweisen? Die würden sie nur auslachen.

Es folgten Monate und schließlich Jahre des Ärgers. Madame Zimberlin fuhr fast aus ihrer Haut, weil sie einfach keinen Weg fand zu beweisen e, dass der Teufel eben schwarz blieb, und die Seife nicht wirksam war.
Sie wurde mürrisch und ungeduldig allen gegenüber, die mit ihr zu tun hatten.

Schließlich wurde sie schwer krank und auf dem Sterbebett erschien ihr ein blütenweißer Engel. Er sprach zu ihr:"Liebe Frau, warum grämst Du Dich so? Dein ganzes Leben hast Du Schmutzflecken nachgejagt. Und siehst Du jetzt, wie unwichtig es war, denn alles – wirklich alles – kann wieder rein werden. Es gibt keine Sünde, die nicht wieder vergeben werden kann. Es gibt keinen Sünder, der nicht erlöst werden kann. Und lass Dir sagen, Dein Traum vom Teufel, war nur ein Traum – es war Dein Traum. Merk Dir es gibt keine Hölle!"

Gute Schwingungen

Poldine war allein zu Haus. Sie hatte keine Lust ihre kuschelige Wohnung zu verlassen. Dort fühlte sie sich so wohl wie ein Waschbär in seiner Höhle. Warum sollte sie auch nach draußen gehen. Wenn sie frische Luft brauchte musste sie ja nur die Fenster öffnen. Bewegung hatte sie auch, denn ihr Zuhause erstreckte sich über zwei Ebenen und da sie immer in Gedanken war, vergaß sie oft etwas in einem der Stockwerke, so dass sie häufig die Treppen rauf und runter lief. Zudem hatte sie dieses wunderbare Trampolin, auf dem sie ihre Fitness täglich erneuerte. Außerdem beschwingte es auch ihr Gemüt, wenn sie darauf hüpfte. Ihr Kater Peri sah sie zwar immer an, als dächte er, sie wäre wohl ein besonders verrücktes Tier, und er vermied es gründlich, dieses runde, schwarze Ding zu betreten.

Eines Tages als sie schon mehr als 20 Minuten am Stück auf diesem Trimmteil herum gehüpft war, kam ihr eine phantastische Idee. Dieses Sprunggerät beflügelte nämlich auch ihr Denken. Sie wollte auch ihren Peri an diesem wundervollen Sport beteiligen. Sie blieb noch weitere 20 Minuten auf dem Trampolin während sie darüber nachdachte, wie sie ihm dieses Vergnügen schmackhaft machen könnte.

Am nächsten Tag begann sie, ihren Kater langsam damit vertraut zu machen, mit ihr auf dem Trampolin zu kuscheln. Er war ja ein richtiger Schmuser, und jedes Mal wenn er zu ihr auf den Schoß springen wollte, stand sie schnell auf und setzte oder legte sich auf das Trampolin. Am dritten Tag war er so weit. Peri vermisste die Streicheleinheiten seines Frauchens so sehr, dass es ihr tatsächlich gelang ihn auf das Trampolin zu locken, und sie streichelte ihn dort ausgiebigst. Es dauerte Tage und nur mit Hilfe von Leckerlis konnte sie ihn dazu bewegen, während der Schmuseaktionen liegen zu bleiben während Poldine sanft auf und nieder schwang. Allmählich, das hieß nach ca. 4 Wochen, gewöhnte er sich daran, während des Schwingens seiner geliebten Katzenmami auf ihrem Arm zu bleiben. Es schien sogar, dass er allmählich Freude an den Auswirkungen des Schwingens fand. Wenn Poldine nicht im Raum war, sah sie ihn tatsächlich manchmal durch den Spalt der Türe, wie er auf das Trampolin schlich und versuchte es, auf die bewährte Weise zu benutzen. Aber natürlich schwang es nicht, dafür wog er zu wenig.

Da hatte Poldine wieder eine Idee. Sie setzte sich ans Internet und recherchierte lange. Drei Wochen später läutete der Postbote,und sie nahm ein mittelgroßes, flaches Paket in Empfang. Als sie es auspackte, war auch der neugierige Peri anwesend, der immer große Freude daran hatte, sich mitten hinein in das raschelnde Packpapier zu legen oder in den Verpackungskarton zu schlüpfen. Poldine packte ein kleines Trampolin für Kinder aus, das sie so veränderte, indem sie die Gummis austauschte und sie durch einfache Hosengummis ersetzte. Als sie die Spannung testete schien sie sehr zufrieden. Sie stellte das kleine Gerät neben ihr großes Trampolin.

Und was soll ich Euch sagen? Man sah sie zwei Wochen später nebeneinander springend und wer genau hinsah bemerkte, dass beide bis zu den Ohren grinsten.

Koruna das Leichtgewicht

‚Lebe leicht und gefährlich', war an diesem Morgen in der Zeitung zu lesen. Doch Koruna konnte nicht lesen, sie war zwar blitzgescheit, aber lesen konnte sie nicht. Sonst aber war sie sehr geschickt in allem, was ihrer natürlichen Art entsprach. Und das war Laufen und Springen, ohne Ende. In allen Gangarten war sie zu Hause, und konnte Unmengen von Gras und Heu vertilgen, am liebsten den Löwenzahn.

Insgeheim war sie nämlich davon überzeugt, dass man von Löwenzahnblättern eine wunderschöne Mähne bekam. Daran lag ihr viel. Der Löwenzahn war ihr irgendwie sehr vertraut – verkörperte er doch ihre ganzen Sehnsüchte. Er sah wunderschön aus, wenn er die Wiesen gelb färbte, mit seinen gelben Büschelblüten, die außerdem noch herrlich schmeckten und wirklich an eine Löwenmähne erinnerten.

Die zackigen Blätter allerdings, waren doch ziemlich bitter, — vor allem im späten Sommer. Im Frühling stießen sie ihr nicht so auf, — nur die Stiele blieben auch in dieser Jahreszeit bitter.

Dieser Pflanze werden viele Heilwirkungen nachgesagt, aber Koruna liebte sie, wie schon erwähnt, aus anderen Gründen. Die schöne Mähne, die sie sich wünschte, war nicht das einzige-, warum sie sie ständig suchte und fraß. Der Löwenzahn wird von den Kindern auch Pusteblume genannt, und das zurecht, denn sobald die gelben Blüten ausgeblüht sind, verwandeln sie sich in lauter weiße Blütenköpfe mit dutzenden Schirmchen. Die vielen reizenden Schirmchen entfalten sich beim Pusten und sind so wundervoll anzusehen, wenn man das tut.

Auch Koruna konnte das, und wenn sie nur einmal durch die Nase schnaubte, löste sie einen wahren Fallschirmregen aus. Sie hörte einmal einen Menschen erzählen, dass diese Pflanze sich auf diese Weise vermehrte. Koruna konnte stundenlang „Prrrrrrrr" machen und dann begeistert beobachten, wie die Schirmchen viele Meter weit davon schwebten und sich dann sachte niederließen.

Wenn Schirmchenzeit war, - also aus den gelben Blüten die sanften Schirmchen wurden, - versuchte Koruna, so viele wie möglich mit ihrem Maul einzufangen. War sie doch davon überzeugt, wenn sie nur genügend davon fraß, dass sie dann ganz leicht wie eine Feder würde und kaum den Boden berührend, herrlich über die Wiesen fliegen könnte.

So kam es, dass sie zur Löwenzahnzeit zuerst wegen der Gesundheit die Blätter fraß, - danach alle gelben Blütenbüschelchen, derer sie habhaft werden konnte, vertilgte und später dann die Schirmchen jagte. Allerdings gab es auf der gleichen Wiese, auf der sie die Blüten vertilgte, sehr wenig Schirmchen, – warum wohl? Deshalb suchte sie die kleinen, weißen Schirme immer auf einer andere Wiese.
 Es war zum totlachen, wie Koruna über diese Wiese galoppierte. Nur Eingeweihte wussten, warum dieses

schwergewichtige Haflinger Pferd in einem solchen Affenzahn durch die Wiese raste.

5. Kapitel: Gesellschaftskritisches

Sonntagstheater

‚Frieden auf Erden und allen ein Wohlgefallen'."„Was für einen Käse erzählte der da vorne." Merin gähnte ausgiebig und hoffte, dass diese Theatervorstellung am Altar endlich zu einem Ende kam. Er blickte sich um. Die Mehrzahl der Leute war alt, uralt und Merin fing an, sich darüber Gedanken zu machen, was er hier eigentlich sollte.

Jeden Sonntag, solange er zurück denken konnte, kam er hierher, warum eigentlich? Was hatte er hier eigentlich verloren? Er war nicht getauft, er sollte sich einmal seinen Glauben selbst aussuchen dürfen. Aber das hier war irgendwie nicht seine freie Wahl. Seine anderen Geschwister waren allesamt getauft, nur er, - mal wieder, - fiel aus der Reihe. Na ja, er war ja adoptiert, und sie waren sich wohl irgendwie unsicher, denn es war nicht bekannt, woher er stammte. „Ein sogenanntes Findelkind," sagten sie, in der Babyklappe fand man ihn, anonym war er abgegeben worden. Die etwas dunklere Hautfarbe und die pechschwarzen Haare deuteten auf eine nicht gerade deutsche Herkunft hin. Seine jetzige Familie war hauptsächlich blondhaarig. War es seine Haut- und Haarfarbe, die seine Adoptiveltern dazu bewogen, ihn als Einzigen nicht zu taufen? Aber da hätten sie ihn auch gleich taufen können, wenn sie ihn doch unerbittlich jeden Sonntag in die Kirche mitschleppten. Er blickte unauffällig seitwärts, sah die Familie einträchtig mit dem Liederbuch vor der Brust und brav den Mund öffnen. Nur Mutter sang richtig mit, die anderen taten nur so. Sein ältester Bruder spürte seinen Blick und sah zu ihm herüber, grinste, und blinzelte ihm zu. Gerold war nur ein Jahr älter als er und feierte nächste Woche seinen 13ten Geburtstag. Seine vier Jahre ältere Schwester Gerda sah aus, als wäre sie innerlich ganz woanders, wahrscheinlich in Gedanken bei ihrem neuen Freund. Der kleine Peterle schlief tief und fest auf Papas Arm, er war auch adoptiert, aber von einer deutschen, drogenabhängigen Mutter, die ihn nicht mehr haben wollte. Auch ihn hatten sie taufen lassen, war diese Drogenmutter etwa katholisch? Hatten sie den Kleinen schon im Krankenhaus getauft, wo ihn seine Mutter dort gelassen hatte? Merin schüttelte seine füllige schwarze Mähne.

Fest stand, dass er nichts mit dieser Theateraufführung am Hut hatte. Dieser ans Kreuz genagelte, nackte Mann, wie er da blutüberströmt hing, er konnte einfach nicht begreifen, warum der ausgerechnet in einer Kirche hing. Gab es nicht auch so schon genug Elend und Schmerz in der Welt? Sollte man sich lieber darum kümmern, als um so eine elende Gestalt, die schon vor 2000 Jahren gestorben war.

Ein jammerndes Weinen riss ihn aus seinen Gedanken. Es kam von seinem kleinen Bruder Peter, der offensichtlich aufgewacht war und sich nicht wohl fühlte. Sein Vater blickte ihn streng an bis er verstummte und seinen Kopf in die andere Richtung drehte, wo die Mutter stand. Stumm streckte er fordernd seine Ärmchen aus, aber seine Mutter deutete Merin an, er solle den Kleinen nehmen und mit ihm hinaus auf den Kirchenvorplatz gehen. Peterle wurde an ihn weiter gereicht, und er war dankbar. Endlich konnte er dieses Panoptikum verlassen, ohne sich anmerken zu lassen, wie froh er war. Er schloß seinen kleinen Bruder in die Arme und verließ die Kirche. Er sah noch wie sich seine Familie anschickte, sich in die Reihe zu stellen, um die „Hl. Kommunion" zu empfangen. Sollten sie doch die komische Oblate als Frühstück zu sich nehmen, er war nicht hungrig, er hatte schon vor dem Kirchgang als Einziger mit Peterle ausgiebig gefrühstückt.

Er ließ lächelnd - und mit Absicht, - die Kirchentüre laut hinter sich zufallen und widmete sich erleichtert seinem Brüderchen.

Frische Trauben

"Frische Trauben, frische Melonen, frische Tomaten" rief das kleine Mädchen Ilanta mit dem zerrupften Strohhut am Straßenrand. Die Autos donnerten vorbei, und hüllten es in eine Staubwolke. Ihre Stimme war kaum zu hören in diesem Verkehrslärm. Tapfer stand sie da und bot mit dem zarten Stimmchen ihre Früchte an, - so wie es ihr befohlen war. Sie sah der langen Schlange Touristen-Autos hinterher und klopfte sich den Staub aus dem armseligen, geflickten Kleidchen.

Als gerade wieder eine kleine Lücke in der Blechlawine entstand, hörte sie in der plötzlichen Stille ihren Bruder weinen. Sie lief zu ihm. Da lag dieses kleine Wesen und strahlte sie an. Rund und pausbäckig reckte er ihr die Ärmchen entgegen. Sie holte ihn mühsam aus dem Korb, fast war er zu schwer für ihre zarte Gestalt. Aber es half nichts, wenn sie ihn nicht hochnahm, würde er sie, mit seinem unerträglichen Geschrei mürbe machen. Er hatte nämlich ein kräftiges Stimmchen. Sie setzte sich mit dem Kleinen auf eine der Obstkisten, biss eine Traube auf und hielt sie an sein Mündchen. Er nuckelte daran und lachte.

Da kam sie wieder, die nächste Welle der blechernen Ungetüme. Sie stand auf, mit dem Brüderchen auf dem einen Arm, mit der anderen Hand eine Traubenstaude hochhaltend und rief wieder im Singsang die eintrainierten Worte.
Ein großer, schöner Wagen hielt mit kreischenden Bremsen und fuhr ein wenig rückwärts in die Ausbuch-

tung der Straße. Eine Hand winkte, und Ilanta lief so schnell sie konnte, mit dem schweren Kind und den Trauben zu dem Wagen.

„Was für ein süßes Kind," eine Frau öffnete die Autotüre. „Was hast du zu bieten, mein liebes Kind? Gib mir ein paar von den Trauben". Ilanta lief so schnell sie konnte mit ihrer doppelten Last zum Gemüsewagen. Sie war glücklich, sie würde heute Abend etwas verkauft haben und nicht geschlagen werden.

Sie kam zurück mit der Waagschale voll mit Trauben, immer noch den Bruder auf dem Arm. Die Frau meinte: „Bring mir noch eine Melone, Kind". Als Ilanta wieder losstürmen wollte, hielt die Frau sie am Arm fest und meinte: „Ich halte so lange deinen Bruder". Ilanta zögerte kurz, sah der Frau unsicher in die Augen und sah das Lächeln. Sie reichte ihr das Kind und stürmte wieder zurück. Sie nahm die größte, schönste Melone vom Wagen, drehte sich um und sah gerade noch, wie sich die Autotüre schloss und der Wagen anfuhr.

Sie ließ die Melone fallen, sie platzte und zerfiel in fünf Teile. Erschrocken starrte sie eine Weile auf das rote Fleisch der Frucht. Als sie sich von dem Anblick löste, war das Auto schon in der Schlange verschwunden. Sie lief zu der Stelle, wo das Auto gestanden hatte und sah die Trauben im Staub.

Kleiner

In der Stadt namens Torona, am Nikolaustag, wurde ein kleiner Junge geboren.

Sein „Wissen" war zu diesem Zeitpunkt bereits gelöscht. Er kam als Sohn einer Hure zur Welt und war keinesfalls erwünscht. Schon in der Schwangerschaft versuchte seine Mutter ihn loszuwerden, indem sie sich eine Treppe herunterfallen ließ. Aber dieser Versuch bewirkte nichts, außer ein paar Prellungen und blauen Flecken.

Als er dann da war, überlegte diese Prostituierten-Mutter, wie es wohl weiter gehen sollte, sie musste schließlich Geld verdienen. Deshalb flößte sie ihm mit der Milch immer, bevor ein Freier kam, - ein Schlafmittel ein und legte ihn in einen Karton in den Flurschrank. Sie nannte ihren Sohn „Kleiner", sie wusste nicht, wer sein Vater war.

Als der Junge etwas größer war und schon krabbeln konnte, bekam er immer noch zu den Freierszeiten sein Schlafmittel und verbrachte seine Tage auf einem Lumpenhaufen in jenem Flurschrank. Er schlief also die meiste Zeit seines Lebens und war ziemlich leicht zu händeln. Trotzdem fühlte sich seine Mutter durch ihn belastet, denn wenn sie keine Freier hatte, schrie er oft vor Hunger. Kleiner lernte die Hand seiner Mutter kennen, als eine, die ihm manchmal zu essen gab, ihn manchmal hochnahm, aber auch schlug. Für ihn war das ganz normal. Und so sehr er sich auch nach ihrer Hand sehnte, die ihn ab und zu berührte und ihm Nahrung gab, so sehr fürchtete er sich zugleich auch vor der schmerzbringenden Hand.

Worte hörte er nur, wenn die Mutter ihn in den Schrank schickte oder anschrie: „Du Hurensohn eines Esels, nichts wie Elend bringst du über mich, — wenn du nur nie geboren worden wärest!"

Je größer er wurde, desto aufmerksamer beobachtete er den Lauf der Dinge, und allmählich begriff er, dass er nur dann überleben konnte, wenn er sich den „Gezeiten" anpasste. So kam es, dass er, sobald ein Freier kam, von selbst in den Schrank kroch, und gar kein Schlafmittel mehr nötig war. Aus dem Möbelstück das ja im Flur stand, konnte er durch einen Spalt so allerlei sehen, denn es gingen viele „Kunden" aus und ein, - es war ein Hurenhaus.

Allmählich bekam er heraus, dass die Besucher seiner Mutter bereits im Vorraum zu ihrem roterleuchteten Raum ihre Jacken und Mäntel auszogen und auf den Boden warfen. Er schlich dann vorsichtig in den Vorraum, und wühlte in den Taschen der achtlos liegengelassenen Mäntel und Jacken und fand dort so schöne, runde, glänzende Scheiben, die wunderbar rollten und klimperten. Die sammelte er in einer Ecke des Schrankes und spielte mit ihnen, wenn seine Mutter gerade beschäftigt war, und das war die meiste Zeit des Tages. Manchmal geschah es auch, dass eine der anderen Frauen, die in dem Haus dort arbeiteten, Mitleid mit ihm hatten und ihm etwas zu Essen gaben. So verbrachte er die Tage mit Münzen rollen auf dem Flur und mit klimpern im Schrank und verhielt sich so unauffällig wie möglich.

Seine körperliche und geistige Entwicklung schritt in diesem Umfeld natürlich sehr langsam voran. Als er etwa fünf Jahre alt war, lief er allmählich schon recht gut und wurde mutiger. Er erkundete das Haus und fand eines Tages eine Türe, die ins Freie führte. Dort sah er zum ersten Mal ein Auto, — nein viele Autos, und das faszinierte ihn sehr. Obwohl sie aussahen wie Ungetüme und auch so laut waren, konnte er seine Neugier kaum zügeln.

Die meiste Zeit quetschte er sich in die Nische zwischen Haustüre und Mauersims, von wo aus er einen guten Blick auf die Straße hatte. Er wurde immer unternehmungslustiger, und eines Tages ging er zu einem wunderschönen, roten Auto, um es zu berühren. Es fühlte sich ganz kalt und wunderbar glatt an: „Na, Kleiner, will'ste mal ne Runde mitfahren?" sprach ihn jemand an. Der Junge starrte den großen Mann an, der hielt ihm die Türe auf und als Kleiner keinen Pieps von sich gab, hob ihn der Mann einfach auf den Beifahrersitz: „Tolles Auto nicht?" Kleiner fühlte sich unsicher, aber als der Mann auf der anderen Seite des Wagens einstieg und sich neben ihn setzte, den Wagen startete und sie tatsächlich losfuhren, — war er begeistert. Es war ein wunderbares Gefühl, so schnell dahin zu jagen – „Guck" sagte der Mann „wir fahren 220 – toll nicht?"

Zwei Sekunden später krachte es laut, und Kleiner flog im hohen Bogen durch die Windschutzscheibe. Er dachte noch: „Jetzt wird sie sich nicht mehr um mich kümmern müssen" als ein stechender Schmerz sein Gehirn zerstörte.

Mikado

Stab für Stab bewegen, - ohne dass etwas wackelt. Dieses Spiel hatte Riana immer so gerne mit ihren Schwestern gespielt. Irgendwie erinnerte sie der Haufen Späne vor ihren Augen an dieses fast schon in Vergessenheit geratene Spiel aus ihrer Kindheit. Auf ihrer inneren Leinwand spielte sie erneut Mikado und es vermischte sich mit ihrer tatsächlichen Tätigkeit, die Holzspäne für das kleine Feuer im Ofen einzusammeln. Vorsichtig hob sie Span für Span und dann sah sie plötzlich die tote Maus unter dem Haufen. Erschrocken sprang sie hoch und schrie. Der Ekel stieg in ihr hoch, würgte sie, und schließlich musste sie sich übergeben.

Nachdem sich ihr Magen vollständig entleert hatte, sank sie an der Schuppenwand zitternd zu Boden. Sie fühlte sich schwach und der kalte Schweiß stand auf ihrer Stirn. Wachsbleich lehnte sie sehr lange an der Holzwand und hunderte Szenen zogen hinter ihren geschlossenen Augen vorüber. Sie sah wie damals Soldaten, mit lautem Getöse und Gewehrsalven, in ihre Stube eindrangen. Sie sah wie der Vater, die Brüder und der Großvater unter den Kugeln zusammenbrachen, sah wie das Blut aus ihren Körpern floss, wie ihre Augen brachen. Und sie nahm wahr, wie ihre Mutter und die beiden halbwüchsigen Schwestern an den Haaren hinaus gezerrt wurden, beobachtete, wie sie draußen in den Schlamm geworfen wurden und die Männer über sie herfielen. Das gellende Lachen, das sie dabei ausstießen, hörte sie immer noch überdeutlich in ihren Ohren.

Sie selbst sah sich als knapp Sechsjährige einem der Soldaten mit verschmiertem Gesicht gegenüber, der sie lange taxierte, bis er sich nach endlos langen Sekunden, schließlich abwandte. Riana folgte ihm mit dem Blicken, als er durch die niedrige Türe schritt, wobei er sich bücken musste, um sich den Kopf nicht zu stoßen. Erstarrt verfolgte sie die riesigen Stiefel mit ihren Augen, sah nichts weiter als diese Stiefel, bis sie eine Gewehrsalve hörte, die sie mehrmals zucken ließ. Sie schlug die Hände vor das Gesichtchen und kauerte sich zu einer runden, kleinen, unsichtbaren Kugel zusammen. Schließlich trug man sie Stunden später aus der Hütte, vorbei an den blutverschmierten Gestalten auf dem Boden und im Hof. Unauslöschlich prägten sich ihr diese Bilder ein, aber erst Jahre später begriff sie, dass diese leblosen Körper in jenem Haus und Hof ihre Familie waren. Sie war die Einzige im Dorf, die überlebt hatte.

Jetzt, zwanzig Jahre später, hatte sie immer noch, völlig unerwartet, ausgelöst durch kleine Details von Ähnlichkeiten, diese Erinnerungen. Diesmal durch den toten Körper einer Maus, überfluteten sie die grausamen Bilder der Vergangenheit.

Die Gerechten

Es war am Tag der Vernichtung der Ernten des ganzen Sommers. Die Heuschrecken waren am frühen Morgen über die Felder hergefallen, und zwei Stunden später fand sich kein Hälmchen mehr auf den Äckern und kein Gras mehr auf den Futterwiesen. Ein großes Wehklagen ertönte durch das ehemals fruchtbare Tal.

Rufina, die Alte, welcher der Ruf einer Kräuterhexe vorauseilte, schritt die nackte Erde entlang und murmelte unverständliche Worte vor sich hin. Sie ließen sie gewähren, was konnte sie jetzt schon noch für einen Schaden anrichten. Die Bauern im Dorf waren wütend, ihre Frauen verzweifelt. Wie sollten sie nun ihre Kinder durch den strengen Winter bringen. Die Bauern fluchten, ihre Frauen weinten, und die Kinder wagten nicht zu spielen. Das kleine Dorf war in eine dunkle Wolke eingehüllt.

Der Priester läutete das kleine Glöckchen und rief die Dorfbewohner zum Gebet in die Kirche. Dort klagten sie gemeinsam Gott an. Waren sie nicht immer gottesfürchtig gewesen? Hatten sie nicht immer am Sonntag für die Gaben gedankt und die christlichen Regeln eingehalten? Wieso strafte sie Gott so sehr? Sie waren sich keiner Schuld bewusst, und in den Köpfen der Bewohner reifte allmählich der Gedanke, dass einer von ihnen dieses Unglück herauf beschworen hatte. Aber wer war dieser Verräter?

Von diesem Tag an umlauerten sie sich gegenseitig. Der Pfarrer spürte diese Stimmung sehr deutlich und predigte immer wieder Gottvertrauen, jedoch nahm er auch wahr, dass keiner wirklich seine Worte ernst nahm. Alle suchten sie nach dem, der dieses Unglück zu verantworten hatte.

Am gleichen Tag des Heuschreckenüberfalls war ein Kind geboren worden. Es sollte am nächsten Sonntag getauft werden. Niemand wusste, wer der Vater war, und die Mutter schwieg beharrlich. Am Tag der Taufe hielt die Mutter das kleine Wesen über das Taufbecken, es war in weißes Tuch gewickelt, nur das Blondschöpfchen und die nackten Füßchen schauten heraus. Der Pfarrer segnete das Kind und sprach, während des Besprengens mit geweihtem Wasser, die heiligen Worte der Unschuld. Alle in der Nähe sahen die nackten Füßchen des Kindes, die fröhlich vor sich hin strampelten. Und sie sahen auch, dass das rechte Füßchen sechs Zehen hatte.

Still gingen die Kirchenbesucher nach Hause, aber hinter den verbergenden Wänden wurde getuschelt über diese unwürdige Mutter mit dem teuflischen Säugling, dessen eindeutiges Merkmal für das Böse das Kind trug.

Drei Tage später wurde dieses Kind vom Pfarrer beerdigt. Es war blau, als man es fand, und man bat ihn, es außerhalb der Friedhofsmauern zu beerdigen. Er tat es mit schwerem Herzen. Nach der Beerdigung ging er in den Pfarrkeller, dort schlug er sich wieder und wieder mit der Peitsche. Dann nahm er ein Messer und schnitt sich den sechsten Zeh von seinem Fuß.

Blutiger Versuch

‚So läuft es prächtig. Nur weiter so', dachte Boris. Er beobachtete völlig emotionslos, interessiert seine kleinen Versuchstierchen, die genau so, wie er es geplant hatte, durch die angelegten Tunnel und Höhlen liefen. Jetzt kapierten sie es endlich, dass sie den weißen Spuren folgen mussten, das hatte seine Zeit gedauert. Der weiß gestrichene Weg, den er für seine ausgesuchten Tiere angelegt hatte, war mit lauter roten Flecken gesprenkelt. Das kam von dem Blut, das inzwischen fast jeder Maus aus den Ohren und Nasen hervor quoll, weil sie anfänglich, durch Versuch und Irrtum, den ständig erhöhten Stromschlägen, ausgesetzt waren. Aber jetzt lief alles wie am Schnürchen. Sie liefen brav die weißen Wege, die markierten Tunnel, die kleinen Treppchen entlang und landeten schließlich in der Fressgrube. Dort waren ausreichend Leckerlis ausgelegt. Seltsam war nur, dass sie kaum fraßen. Sie mussten hungrig sein von dem Stress und von den ewigen Runden, aber sie schienen kaum Appetit zu haben.

Die ganze Versuchsreihe dauerte nun schon fast eine Woche. Inzwischen war sie wirklich perfekt, und es wurde ihm allmählich langweilig. Er überlegte schon, ob er sich nicht anderen Dingen zuwenden sollte und zerbrach sich den Kopf über neue Elemente, die er vielleicht noch hinzufügen könnte, um den Versuch interessanter zu gestalten. Dann hatte er die Lösung gefunden. Er ging in die Tierhandlung und kaufte sechs Ratten. Sie waren größer und sie waren bestimmt auch schlauer. Er baute einen neuen Käfig mit neuen Gängen und schwierigen Barrieren. Verlegte die Stromkabel und los ging es mit dem neuen Experiment. Alles war fertig, die Video-Kamera war eingeschaltet und das gleiche Spiel begann mit den Ratten. Sie waren tatsächlich klüger als die Mäuse und fanden schneller den Weg zur Fresskammer. Schon langweilte sich Boris wieder. Er veränderte noch einmal alle Anordnungen, richtete wieder die Kamera auf den Käfig. Diesmal stellte er den Strom so ein, dass sich die Dosis des Stromschlages bei jedem Fehlschlag automatisch erhöhte.

Er musste zum Firmunterricht, sonst gab es Ärger. Er bedauerte nicht live dabei sein zu können. Aber er hatte die Kamera ja gut eingestellt. Bei seiner Rückkehr würde er alles genau nach verfolgen können.

Erst nach zwei Stunden schloss er die Kellertüre zu seinem Hobbyraum wieder auf. Ein Blick in den Käfig – nichts rührte sich. Da sah er die weißen Ratten, total blutverschmiert, reglos liegen. Er fasste in den Käfig hinein, um zu prüfen ob die Ratten wirklich tot waren.

Ein grässlicher Schmerz packte ihn. Sein Körper zuckte noch Stunden wie festgeklebt an der Plattform, durch die er den Strom geleitet hatte. Die Kamera filmte ihn immer noch, als sein Vater ihn spät abends fand. Er blutete aus der Nase, den Ohren, den Augen und dem After.

Frondienst

Sie schlug nun schon seit sechs Jahren die Steine klein – mit Vier wurde sie bereits für kräftig genug befunden. Sie war daran gewöhnt. Ihr Körper war daran gewöhnt und hatte ihre rechte Schulter und den Arm auf dieser Seite mit vielen Muskeln ausgestattet. Sogar ihre rechte Gesichtshälfte war stärker ausgeprägt, - für einen guten Beobachter war dies genau zu sehen. Aber wer beobachtete sie schon, sie war eines der 28 Kinder, die im Steinbruch arbeiteten. Alle waren Nachkommen von verurteilten Müttern, und im Gefängnis geboren worden. Nach zwei Jahren wurden sie ihren Müttern weggenommen und kamen in das „Webhaus", dort wurden sie langsam aber stetig, zu immer mehr Kraft und Fingerfertigkeit ausgebildet um sie zunächst beim Weben einzusetzen. Diese Vorübung war nötig, um später dann geübt den Steinhammer zu schwingen. Das lange Sitzen vor den Webstühlen, an manchen Tagen saßen sie 12 Stunden davor, kräftigte ihre Rückenmuskulatur. Nur die stärksten Kinder wurden dem Steinbruch zugeteilt.

Jurinka, – so nannten sie die Aufseherinnen, gehörte zu den kräftig Gewachsenen. Daher kam sie in den Steinbruch zum Steine klopfen, wo auch ihre Mutter arbeitete. Aber das wusste sie nicht. Sie wusste auch nicht genau, was eine Mutter war. Von anderen Kindern hatte sie zwar einiges an Wissenswertem gehört, aber sie wusste nicht ob es wahr war. Eine Mutter sollte eine Frau sein, die sie in ihrem Leib getragen hatte, aber es war nicht klar, wie sie dort herausgekommen sein sollte. Vielleicht wurden sie heraus geschnitten, – einige der Klopferinnen meinten das. Sie hätten eine riesengroße Narbe über dem Bauch, erzählten sie. Andere wiederum vermuteten, die Babies wären ‚unten' einfach herausgefallen, wenn sie zu schwer geworden waren. Egal, ihre Mutter interessierte Jurinka nicht. Wichtiger war ihr, was und wie viel es zu essen geben würde, – denn sie war immer hungrig.

Als Essenszeit war, stellte sie sich in die Reihe und freute sich, dass heute die freundliche Austeilerin da war, die ihr immer eine extra große Portion auflud und sie anlächelte, wie sie es sonst nicht gewohnt war. Als Jurinka an der Reihe war, sah sie neugierig in das Gesicht der Frau und bemerkte, statt eines Lächelns, die Tränen, die ihr die Wangen herunterliefen.

Mit ihrem gut gefüllten Teller setzte sie sich neben ihre Freundin Torina, – da meinte diese: „Du, - die sieht genauso aus wie du".

Morgenstund' hat Gold im Mund?

Theo streckte sich ausgiebig. Die verdammten Rabenkrähen hatten ihn mal wieder nicht länger schlafen lassen. Fünf Stunden waren einfach zu wenig. Nach einer ausgiebigen Gähnrunde beugte er sich aus dem Fenster im 5. Stock, um nach den lästigen Viechern Ausschau zu halten. Er traute seinen Augen nicht, denn was sich ihm da für ein Schauspiel bot, war mit grauenhaft gar nicht mehr zu betiteln. Dort unten sah er eine Gestalt liegen. Sie hatte die Arme ausgebreitet, als wäre sie ein Vogel. Ihr Gesicht war himmelwärts gerichtet, die grauen Haare lagen wie ein heller Strahlenkranz um sie herum. Auf ihrer Brust saßen drei Rabenkrähen und pickten an dem leblosen Körper herum. Zum Glück war die Entfernung für nähere Details zu groß, ihm reichte auch schon dieser Anblick am frühen Morgen. Theo schauderte, und er spürte, wie es ihm kalt den Rücken hinunter lief. ‚Wohnte die Frau etwa hier im Hause? Er hatte sie noch nie gesehen, und dabei lebte er jetzt schon zwölf Jahre in diesem Hochhaus.' Er ging zum Telefon und wählte die 110. „Hier liegt eine Frau im Hof. Offensichtlich aus dem Fenster gefallen oder gesprungen. Nein, sie ist mit Sicherheit tot. Grenzweg 12, hinten im Hof." Theo lauschte in den Hörer und beantwortete scheinbar ein paar Fragen: „Ja, ich wohne hier. Nein, ich weiß nicht wie die Frau heißt. Theo Wiegant, ich wohne im 5. Stock. Die Raben picken auf der Frau rum. Ja, natürlich, ich bleibe. Läuten Sie bei T. Wiegant, ich habe heute frei." Irgendwie erleichtert legte er auf. Sein Magen entspannte sich mit einem Knurren. An Frühstück mochte er jetzt gar nicht denken. Er schloss das Fenster ohne noch einmal hinunter zu schauen. Einmal am frühen Morgen so ein Szenario, das reichte ihm.

Am nächsten Morgen wachte er spät auf, am Vorabend war er lange nicht eingeschlafen. Nach dem Zähneputzen setzte er sich an den Frühstückstisch. Er hatte heute kein Bedürfnis, einen Blick aus dem Fenster zu werfen. Es reichte ihm die Erinnerung an diesen

Morgenschock vom Vortag. Die neugierigen Gaffer vom Hause hatten sich, nachdem die Polizei eingetroffen war, in Scharen im Hofe versammelt, um aus der Nähe einen Blick auf die alte Frau zu werfen. Er schüttelte all das ab und biss in sein frisches Brötchen mit Marmelade. Er schlug die Zeitung auf, und auf der dritten Seite – in Großaufnahme – sprang ihm das Bild dieser Frau ins Gesicht. Weitaus näher als er es von seinem Fenster aus gesehen hatte, blickte er nun auf das Gesicht der vielleicht 70jährigen Frau. Die Augen bestanden nur noch aus blutigen Höhlen. Darunter las er den Artikel: 72 Jährige sprang aus Verzweiflung aus dem 8. Stock ihrer Wohnung. Sie wohnte seit über 40 Jahren in dem Haus, aber keiner kannte sie. Niemand wusste, dass sie mit ihrer kleinen Rente schon lange nicht mehr zurecht kam. Ihre Wohnung hinterließ sie blitzblank, Kühlschrank und Lebensmittelschränke waren total leer. Sie musste wohl schon länger nichts mehr gegessen haben.

   Betroffen legte er sein dick mit Butter und Marmelade beschmiertes Vollkornbrötchen neben seinen Kaffeebecher und schaute auf den reichhaltig gedeckten Tisch mit Käse, Wurst, Brotaufstrichen und Sahne. An diesem Tag brachte Theo keinen Bissen mehr hinunter.

Totem

Sie spielten mal wieder Indianer und Soldat – die alten Spiele waren bei den Jungs immer noch beliebt. Unbekümmert weideten sie sich an der Angst des etwas pummeligen Zweitklässlers, als sie ihn an den Marterpfahl banden. Sie umtanzten ihn und jaulten lauthals und hemmungslos, – übersahen seine über das schmutzige Gesicht laufenden Tränen.

Die Abendglocken schließlich beendeten seine Schmach. Sie stoben auseinander und trennten sich. Er blieb zurück, von den Schnüren festgehalten. Die stinkende rote Farbe, mit der sie sein Gesicht, Arme und Beine beschmiert hatten, trocknete allmählich an und spannte auf seiner Haut. „Was nun?" dachte er. Wer würde ihn befreien? Die Sonne stand schon tief, sie hatte bereits ihre Kraft verloren und es fröstelte ihn. Sie würden ihn suchen, bestimmt. Es würde ihnen auffallen, wenn er nicht zum Abendbrot kam, er der immer Hungrige. Seine Beine gaben mehr und mehr nach, und er bezahlte es mit dem Schmerz des einschneidenden Seiles. Warum immer er? Warum mussten sie ausgerechnet ihn immer quälen? Wieso fanden sie kein anderes Opfer, damit er sich wenigstens ab und zu erholen konnte, von den Gemeinheiten seiner Mitschüler? Auch im Unterricht wurde er oft zum Gespött. Sogar die Lehrer hackten auf ihm herum, mit ihren bösartigen Bemerkungen über sein fehlendes Wissen oder die mangelhaften Ergebnisse, die er ihnen zeigte.

Inzwischen war aus dem Frösteln ein Frieren geworden, und die Sonne war ganz verschwunden. Die Dämmerung malte gespenstische Schatten in seine Umgebung, langsam wusste er nicht mehr, ob er vor Angst oder Kälte so zitterte. Sie würden kommen, gewiss. Es konnte nicht sein, dass sie ihn vergaßen, - oder doch? Durch seinen Harndrang wurde er immer unruhiger. Er tippelte von einem Bein auf das andere. Er musste immer dringender. Wenn nicht bald jemand kam… Nun begann er zu schwitzen. Das Zurückhalten seiner Ausscheidungen kostete ihn immer mehr Kraft und tat ihm weh. Seine Blase war vollgefüllt bis zum Rand, es tat wirklich weh und kostete ihn all seine verbleibende Kraft. Er fing an zu weinen und schwor, sich zu rächen. Nie wieder würde er sich so erniedrigen lassen. Er fluchte, und heißer Zorn durchflutete ihn, - und heiß lief es ihm die Beine hinab.

„Karl der Pechvogel"

Frisch und fröhlich marschierte der kleine Trupp durch die Ebene. Noch machte ihnen die Hitze nichts aus. Es schien sie die Aussicht auf ein kühles Bad im Meer zu beflügeln. Jetzt, am späten Vormittag, streifte sie noch ab und zu ein kühles Lüftchen, und mit dem Frühstück im Leib, fühlten sie sich kräftig und waren voller Zuversicht.

Elmar stimmte ein Liedchen an, das er aus Kindertagen kannte, aber niemand von seinen Freunden stimmte mit ein, sie fanden es wohl zu kindisch. Karl blieb ein wenig zurück, er musste die Schuhbänder seiner Stiefel zubinden, und das war gar nicht so leicht, bei den ausgefransten Dingern. Endlich hatte er sie wieder zu und sah, dass die Freunde schon ziemlich weit voran gekommen waren. Aber er spürte keinen Impuls hinterher zu rennen. Im normalen Tempo folgte er ihnen. Als er die kleine Gruppe vor sich so beobachtete, wie sie im Gleichschritt flott voran schritten, die Gewehre geschultert, fiel ihm plötzlich siedend heiß ein: Das Gewehr! Wo war sein Gewehr? Er musste es beim Schuhe binden ins Gras gelegt haben und danach ohne es weiter gelaufen sein.

Der Schreck legte sich auf seine Magengrube, die sich wie ein Klumpen anfühlte. Er musste zurück, so schnell er konnte. Er hätte den anderen gerne Bescheid gegeben, aber sie waren schon zu weit weg und drehten sich auch nicht um. Also wendete er und stapfte zurück. Karl wusste nur ungefähr, wo er sein Schuhband gebunden hatte. Da sie quer feldein gegangen waren, gab es da leider keinen Weg, dem er hätte folgen können.

Panik erfasste ihn: Und wenn er es nicht mehr fand? Er würde wohl an die Wand gestellt werden, so wie die Fahnenflüchtigen. Zwei Stunden irrte er umher, suchend nach der verlorenen Waffe. Die Sonne brannte nun unbarmherzig auf ihn herab, er trank den Rest aus seiner Wasserflasche. Doch das Gewehr blieb unauffindbar. Karl gab auf und beschloss seinen Gefährten trotzdem zu folgen. Sie würden nach dem Bad im Meer ohnehin noch bis zur Dunkelheit auf das Schiff warten müssen, das sie abholen sollte.

Die Sechzehnjährigen waren als Nachschub angefordert worden, 'denen ging langsam das Kanonenfutter aus', dachte Karl und schritt zügig aus, schließlich wollte er noch vor der Dunkelheit dort ankommen, er hatte schon ca. vier Stunden Zeit verloren. Immer ihm passierte so etwas, ein richtiger Pechvogel war er. Von weitem konnte er in der Dämmerung endlich das Meer erkennen. Er würde die letzten vier oder fünf Kilometer im Dauerlauf zurücklegen müssen, denn ihm war als hätte er ein Schiff am dunstigen Horizont erkannt. Er lief schon eine Viertelstunde, als ihm die Dunkelheit weitere Beobachtungen verwehrte. Er hörte auch so etwas wie Gewehrsalven. Diese Idioten, dachte Karl, ballerten herum, ohne Sinn und Verstand. Wahrscheinlich wollten sie das ankommende Schiff mit lautstarkem Krach empfangen.

Er bekam Seitenstechen, das Laufen war ihm ziemlich ungewohnt, und er verfiel wieder ins Gehen. Fast eine Stunde später erreichte er das Meer. Das Wasser plätscherte um seine Stiefel herum. Sie mussten ohne ihn los sein. So ein Pech! Müde und erschöpft ließ sich Karl in den Sand fallen und sehr schnell war er eingeschlafen. Die Sonne weckte ihn. Er richtete sich auf und sah das herrliche Meer vor sich.

Die Schaumkronen tanzten weiß und er wurde richtig geblendet von dem Glitzern. Er stand auf, klopfte sich den Sand von der Uniform und drehte sich um. Seine Knie wurden weich. Da lagen seine elf Kameraden in ihrem eigenen Blut.

6. Kapitel: Gemischte Gefühle

Walschau

Über die letzte Gelegenheit zu einem Trip auf dem Pazifik freute sich Esther sehr. Sie durfte teilnehmen an der Sight-Seeing-Tour durch die Meere, um Wale und Delfine zu beobachten. Sie packte alles, wovon sie glaubte, dass sie es brauchen würde, auf das Bett. Oje, das war viel zu viel. Zwanzig Kilo waren erlaubt, wie sollte sie das reduzieren? Nachdem es dort warm war, konnte sie Kleidung einsparen. Ihr Buch über die Wale würde sie auch zurücklassen, den Inhalt hatte sie im Kopf. Bei den Toilettenartikeln fiel es ihr schon schwerer. Schließlich war sie nach drei Stunden so weit. Die Waage zeigte endlich 19,5 Kilo. Jetzt wurde es aber Zeit. Der Zubringer zum Flughafen konnte gleich da sein. Schnell noch einmal die Blumen gießen, ihre

Freundin konnte das in einer Woche übernehmen.

Vier Stunden später saß sie bereits im Flieger. Ihr erster Flug mit so einer großen Maschine und auch noch ein Fensterplatz. Sie war wirklich glücklich und konnte nicht genug kriegen von dem Ausblick auf die Landschaften und Wolken. Aber das stundenlange Schauen ermüdete auch ihre Augen, und schließlich fiel sie in einen oberflächlichen Schlaf. Sie erwachte von einem Stoß. Als sie die Augen öffnete, sah sie in das Gesicht ihres Sitznachbarn. Der meinte: „Sie müssen sich anschnallen!" – Esther suchte nach dem Gurt und fragte begeistert: „Sind wir schon da?"

„Nein, aber irgend etwas stimmt nicht", erwiderte der sichtbar beunruhigte Mitpassagier. Sie blickte aus dem Fenster und stellte fest, dass sie direkt über dem Meer waren, und sie flogen ziemlich tief. Man konnte beinahe die Schaumkronen auf den Wellen erkennen. Der neben ihr sitzende Fluggast hatte Schweißperlen auf der Stirn. Esther überlegte, ob sie wirklich in Gefahr waren. Sie war ganz ruhig, erstaunlich ruhig. Sie fühlte sich überhaupt nicht geängstigt.

Sie blickte sich um, sah fast ausschließlich verkrampfte Gesichter und konnte ein vielfaches Stimmengewirr ausmachen. Esther beobachtete das näher kommende Meer. Immer noch konnte sie keine Unruhe in sich bemerken. Sie fühlte sich wie in Trance und blickte fasziniert auf die Meeresoberfläche. Nun konnte sie, schon deutlich, die weißen Schaumkronen und das Auf und Ab der Wellen erkennen. Und dann, es war kaum zu glauben, sah sie einen Wal, - nein eine ganze Gruppe von Walen, – unglaublich nah und detailliert. Sogar die spritzenden Fontainen sah sie ganz deutlich.

Wie in eine lautlose Blase eingehüllt, vernahm sie nicht die Schreckensschreie der anderen Passagiere. Minutiös beobachtete sie die Bewegungen der Wale im Meer. Es schien ihr, als schwimme sie mit und verwandelte sich mehr und mehr in eines der Tiere. Das Flugzeug schien genau auf diese Walfamilie zuzufliegen, schräg unter ihr konnte sie das Glitzern der nassen Haut erkennen und etwas in ihr glitt mit diesen wunderschönen Tieren auf und ab.

Plötzlich spürte sie, wie ihr Körper an Schwere gewann, während das Flugzeug seine Nase himmelwärts streckte, und sie im Bogen aufwärts wieder an Höhe gewannen. Esther erwachte aus ihrer Trance und bedauerte fast, dass der Absturz verhindert worden war. Doch das Wichtigste, - sie hatte eine Wal-Besichtigungs-Tour erleben dürfen.

Wunderliche Beeren

„Was ist los?" Hector rief diese Frage nach rückwärts zu seiner Freundin Eva. Sie antwortete ihm nicht. Sie schmollte, er war einfach ein Holzklotz, nie merkte er, wenn er sie verletzte. Sie war auch nicht bereit, es ihm lang und breit zu erklären. Sie hatte das schon öfter versucht, aber es zeigte kaum Wirkung. Wenn sie nicht mit ihm sprach, war das einfach die bessere Lösung. Irgendwann ließ ihr Groll schon nach, oder sie wuchs über ihn hinaus.

Sie fuhren mit den Fahrrädern weiter den Burgen entgegen. Das Wetter war herrlich, kein Wölkchen war am Himmel zu sehen. Das angesagte Gewitter war wohl ein Irrtum.

Hector fuhr voraus. Sie betrachtete seine breiten Schultern, seine kräftigen Waden und wünschte sich, dass sie weniger dünnhäutig wäre. Man sagte Eva schon immer nach, dass sie aus einer Mücke einen Elefanten machte und ein Sensibelchen wäre. Trotzige innere Dialoge führte sie im Stillen: ‚Na und? Besser, als wenn man aus Stein und total unsensibel ist, oder?' Dann merkte Eva, dass sie weit hinter Hector zurück gefallen war. Oder hatte er sie absichtlich abgehängt? Bestimmt! Sollte er doch, ihr war es egal, sie konnte auch ohne ihn die Burgen besichtigen. Oder noch besser, sie musste gar nicht auf die ollen Steine steigen. Sie bremste und schob das Fahrrad eine kleine Anhöhe hinauf. Dort war ein Spielplatz und er war von einigen Schrebergärtchen-Zäunen eingerahmt. Über die Abgrenzungen hingen reichlich Brombeer- und Himbeer-Ranken und die Früchte sahen verlockend aus. Weder in den Gärten, noch auf dem Spielplatz war eine Seele zu sehen. Hmm, das war wirklich eine köstliche Zwischenmahlzeit. Sie vergaß wohin sie eigentlich wollte, sie vergaß die Fahrradtour, sie vergaß den Freund und das ursprüngliche Ziel. Sie nahm auf einer versteckten Bank Platz, mit der Hand voll Beeren und ließ andächtig eine Beere nach der anderen auf ihrer Zunge zergehen. Sie blickte auf den Fluss hinunter, sah am Ufer das Schilf und davor die Blumenwiese. So ging es ihr gut. Sie vergaß die miese Stimmung von vorhin. Sie hatte sogar vergessen, worum es bei der Unstimmigkeit mit ihrem Freund gegangen war. Sie spürte die warmen Sonnenstrahlen auf ihrer Haut, schloss die Augen und wurde sehr schläfrig.

Sie schreckte hoch. Wie lange hatte sie wohl vor sich hin gedöst. Inzwischen war ein starker Wind aufgekommen, und der Himmel war grau. Ein einzelner Regentropfen glänzte auf ihrem Unterarm und zu ihm hatte sich ein kleiner Marienkäfer gesellt. Wo war Hector abgeblieben? Sicher suchte er nach ihr. Schuldbewusst stand sie auf und wollte zum Fahrrad. Hatte sie es nicht dort an den Baum gelehnt? Es war weg. Hatte ein Dieb sich unbemerkt heran geschlichen und es geklaut? Unverschämt! Was sollte sie jetzt tun? Sie ging zu dem kleinen Weg hinunter und sah sich links und rechts um. Kein Mensch war zu sehen, kein Fahrrad und auch kein Hector. So was Dummes. Sie setzte sich auf einen größeren Grenzstein und überlegte.

Da schlossen sich zwei Hände von hinten um ihre Augen. Sie nahm die Hände sanft von ihren Lidern und drehte sich langsam um. Aber da stand nicht Hector, sondern ein ihr wildfremder Mann, der sie anlächelte. Eva sprang erschrocken auf. „Was ist los? " sagte der Fremde. „Hallo Eva, ich bin's, dein Mann?!" Eva's Knie wurden weich.

Sie kannte diesen Mann nicht, und sie wusste gleichzeitig, dass es wieder soweit war.

Sie wusste, dass es nun wieder Zeit war in die Klinik zu gehen.

Blinde Wut

Mädchen, was hast du wieder angestellt. Meridith sprach mit sich selbst. Sie schalt sich, denn sie schaffte es einfach nicht, ihm aus dem Weg zu gehen. Sie wusste genau, dass alles nur schlimmer wurde, wenn sie seine Gegenwart nicht mied. Aber sie konnte nicht anders. Ein ungeheurer Drang war in ihr, doch noch alles ins Lot zu bringen. Mit diesem Druck in sich überhaupt zu handeln war wirklich kontra indiziert. Nun, sie musste tun, was sie nicht lassen konnte. Es zu verschlimmern war ohnehin kaum noch möglich, - also sollte es so sein.

Sie setzte sich ins Auto und machte sich auf den Weg zu Elmars Wohnung. Sie läutete an der Türe, trat aber vom Spion weg, denn sie wusste genau, er würde ihr nicht öffnen, wenn er sie dort sah. Es gelang, - er öffnete die Türe und starrte sie an: „Was willst Du?"

„Mit dir reden!" – „Das bringt nichts, das haben wir schon zur Genüge probiert – findest Du nicht?" Eiskalt hatte er diesen Satz hin geworfen. — „Doch, wenn wir es beide wirklich wollen, schon" erwiderte Meridith. „Ich will es aber nicht" schmetterte er ihr entgegen. „Ich gehe jetzt wieder hinein". Bevor er die Türe schloss, schrie sie ihm in den Rücken: „Gut, Du wirst schon sehen".

Sie war kurz vor der Explosion, als sie die Treppe zur Ausgangstüre hinunter ging. Die Tränen liefen ihr über die Wangen, und sie hätte beinahe die letzte Stufe übersehen, vor lauter Schleier vor den Augen.

Wie ein Automat ging sie zum Auto. Sie fühlte nichts, als sie reglos hinter dem Steuer saß und vor sich hin starrte. Eine halbe Stunde saß sie so, wie in Trance. Dann beobachtete sie, wie ihr Freund aus dem Haus kam und im Begriff war, acht Meter vor ihr die Straße zu überqueren. Sie startete den Motor, und etwas in ihr trat auf das Gas. Der Wagen schoss auf die Gestalt zu. Es holperte stark, als sie über den Körper fuhr. Sie hielt nicht an, schaute nicht zurück. Sie raste weiter. Allmählich beruhigte sie sich und als sie das Schild: ‚Polizei' las, hielt sie den Wagen an, stieg aus dem Auto und ging wie ein Roboter in die Polizei-Station.

An den ersten Polizisten richtete sie die Worte: „Ich habe einen Mann überfahren." Dann verlor sie das Bewusstsein und brach auf dem schachbrettartigen Fliesenboden zusammen.

In der Krankenhausabteilung las sie am nächsten Morgen die Tageszeitung. Gleich auf der ersten Seite prangte die Überschrift: „Junge Frau überfuhr einen Passanten." Sie las wie gelähmt den Text. Wieso stand da Peter K.? - Ein Druckfehler? Sie wusste es genau, sie hatte ihren Ex-Freund umgefahren, und der hieß Elmar W.

Die Unruhe

Voll mit inneren Dialogen lief Katrin aufgeregt die Wege entlang. Sie konnte das Gedanken-Karussell einfach nicht stoppen. Hin und her überlegte sie auf der Suche nach einer Lösung. Sie verwarf in diesen Stunden ihres langen Spaziergangs Hunderte von Ideen und wurde immer hektischer. Je länger sie nachdachte, desto panischer wurden ihre Gefühle, denn weit und breit sah sie keine auch nur im Ansatz richtige Möglichkeit, um dieser Situation mit Anstand zu entrinnen. Alles in ihr tobte, und auch Empörung war da. Wie konnte ihr Liebster sie nur so hintergehen. Nie würde sie ihm diese Schmach verzeihen. Trennen sollte sie sich von ihm. Aber sie liebte ihn doch!

Tagelang schon hatte sie kaum noch geschlafen, weil ihre innere Suche derart intensiv war, dass sie nicht aufhören konnte, hin und her zu überlegen. Sie wusste, sie müsste zur Ruhe kommen. Es war ihr klar, sie würde nur in der Ruhe die richtige Entscheidung fällen können. Dennoch, - ihr Durcheinander im Kopf überschlug sich, und sie war unfähig es zu stoppen. Sie versuchte zu meditieren. Aber kaum saß sie, rasten die Gedanken und Vorstellungsbilder mit noch größerer Geschwindigkeit durch ihr Gehirn, so dass sie nach kurzer Zeit voller Unruhe aufsprang und wieder in der Bewegung Hilfe suchte. Sie rannte über die Feldwege.

Es gab da zwei kriegerische Geister in ihr, die ihr kräftemäßig völlig gleich erschienen. Dazwischen kam es ihr vor, als würde sie zerrieben und zerrissen. Auf ihrem schnellen Lauf sah sie nichts, - keine Blumen am Wegrand, keine Wiesen, nicht wie die Sonne schien. Die wirklich schöne Landschaft rund um sie her drang nicht zu ihr durch. Völlig versunken in ihrer Widersprüchlichkeit bemerkte sie zu spät, dass sie auf einem der kleinen Rehsteige im Wald gelandet war. Sie blickte sich ratlos um. Sie erkannte nichts, alles war ihr fremd. Und das, obwohl sie seit zig Jahren hier ihre Spaziergänge machte. Sie erblickte einen Laubfrosch ganz nahe zu ihren Füßen. Er schien sie geradewegs anzusehen. Bewegungslos, und wie verzaubert, standen sie sich gegenüber. Sie spürte plötzlich Leere in ihrem Kopf. Sie war nur noch Körper und ruhender Geist. Lange starrte sie dem Frosch in die feuchten Augen, und dieser erwiderte regungslos ihren Blick. Sie verschmolzen einen langen Augenblick völlig ineinander. Sie fühlte sich plötzlich im Froschkörper, sah durch seine Perspektive sich selbst von unten herauf und wechselte wieder zurück in ihren Körper, sah wieder auf ihn hinab. So ging es eine Weile in diesem Wechsel fort, - in dieser atemlosen Stille. Ja Beide, - Frosch und Katrin, hatten den Atem angehalten, und in dieser Atemlosigkeit ereignete sich das Wunder der Stille.

Dann zwinkerte der Frosch, und zerbrach damit den zeitlosen Zustand und hüpfte, - vergnügt, so schien es ihr wenigstens, - seiner Wege. Sie blickte ihm noch eine Weile nach, sah seinen Sprüngen hinterher, bis er aus ihrem Blickfeld verschwunden war. Sie sah sich um und erkannte mit einem Mal wieder, wo sie war, fühlte sich wieder eins mit ihrem Körper und ging leichtfüßig und beinahe schwerelos zurück. Das Chaos war aus ihrem Kopf verschwunden. Sie wusste jetzt, was zu tun war: Sie würde ihn einfach weiter lieben, egal was da kommen würde.

Elda

Als das Baby Elda geboren worden war, war es zur „Unzeit" aus dem Leib seiner Mutter herausgekommen. Die Zeiten waren schlecht, – eigentlich war es keine Zeit zum Kinder in die Welt setzen. Bomben fielen, überall Zerstörung, nichts zu essen und keine Zukunftsperspektive. Wirklich keine gute Zeit um Kinder groß zu ziehen. Auch Seuchen waren ausgebrochen, denn unter dem Schutt lagen seit Wochen Menschenleichen und Tierkadaver, die nicht mehr rechtzeitig geborgen werden konnten. Es lag ein süßlicher Leichengeruch in der Luft, und zu allem Überfluss brannte auch noch die Sonne auf diese Ziegelstein-Wüste herunter. Hier und da war ein Feuer zu sehen, für manche der rettungslos Verschütteten, die schon tot waren, – eine Art Krematorium.

Zwischen all den Trümmern und Gefahren wuchs Elda heran. Sie spielte mit dem Schutt der Mauern, den ausgegrabenen Spielzeugteilen und grub ständig hungrig nach Essbarem. Die Mütter schufteten in den Schuttbergen, versuchten zu retten, was noch irgendwie brauchbar war, sammelten alles für sich und die Übriggebliebenen der Zerstörung, und bauten sich Notunterkünfte aus den noch unversehrten Ziegelsteinen Die Kinder liefen irgendwie nebenher, versuchten, so gut es ging, auch mitzuhelfen und auf ihren Streifzügen etwas zu ergattern.

Die kleine Elda hatte gerade eine verschmutzte Puppe aus dem Staub gezogen und wiegte sie hingebungsvoll in ihren Armen. Sie hütete ihren kostbaren Schatz wachsam, und wurde zur Mutter dieses augenlosen Wesens, das sie mit abgesprungener Nase anlächelte. Das einzige Lächeln, das sie in diesen Monaten sah.

Der Gürtel

Ein unsichtbarer Gürtel war eng um Edwina geschlungen. Er hielt sie zusammen und warm, verhinderte, dass sie auseinanderbrach. So war ihr jedenfalls zumute. Sie wusste nichts Besseres, als diesen Gürtel zu tragen, – was sollte sie sonst tun? Aber er war sehr eng!

Ihr Vater rief sie. Sie steckte schnell die Landkarten wieder weg, er sollte nicht sehen, dass sie fliehen wollte. Sie würde ihm einen Abschiedsbrief hinterlassen, aber mit dieser Mutter, – mit dieser Stiefmutter, - konnte sie nicht weiter unter einem Dach leben. Es würde sie umbringen. Sie war eine böse, hinterlistige Frau. Vor ihrem Vater gab sie sich immer so freundlich, aber hinter seinem Rücken sprach sie schlimme Drohungen aus. Auch machte sie keinen Hehl daraus, dass sie alles tun würde, um Edwina los zu werden. Nicht noch einmal würde Edwina den Fehler machen, ihrem Vater gegenüber das Verhalten seiner Neuangetrauten anzusprechen.

Er hatte ihr nicht geglaubt. Sie war tief traurig darüber. Was für eine verkehrte Welt. Er liebte dieses böse Weib und ließ nichts auf sie kommen. Sie wusste, dass er seine Tochter auch liebte und ihr nicht glauben konnte, weil er sonst seine andere Liebe verlieren würde. Das wollte er nicht riskieren. Und da Edwina ihn auch liebte, blieb ihr nichts anderes übrig, als ihn zu verlassen. Sie hatte ein schlechtes Gefühl dabei, ihn, den geliebten Vater, dieser berechnenden Hexe zu überlassen, aber was sollte sie anderes tun? Am liebsten würde sie diese Frau ermorden, die mit Sicherheit ihrem Vater schadete, auch wenn das jetzt noch nicht erkennbar war. Irgendwann würde auch er es schmerzhaft erleben müssen. Hoffentlich ging er nicht daran zugrunde. Er war so ohne Arg, so friedfertig und leicht verletzbar.

Es klopfte an die Türe. Ihr Vater stand davor: „Edwina Liebes, ich habe dir etwas zu sagen: Wir werden in nächster Zeit viel reisen und haben überlegt, dass du ja nicht mit kannst, wegen der Schule, und dass du mit Deinen 14 Jahren vielleicht besser in einem Internat aufgehoben wärest, denn allein kannst du ja noch nicht bleiben. Dort wärest du unter Gleichaltrigen, das würde dir sicherlich gut tun. Ingrid hatte diese Idee, und ich denke, sie hat recht. Was meinst du dazu?"

Edwina sah vor ihrem geistigen Auge einen Film ablaufen, in dem Ihre Stiefmutter Ingrid vor einem Schafott kniete, und der Kopf war schon durch das Loch gesteckt. Sie sah, wie sich das scharfe Messer löste und herabsauste, und aus dem abgetrennten Hals ein Blutstrom hervor schoss. Der Kopf lag auf dem Boden, - ein verblüffter Gesichtsausdruck war auf ihm zu sehen. Edwina ging in ihrer Vorstellung hin, – hob den Kopf an den blonden Haaren empor und strahlte, während es aus vielen Fotoapparaten blitzte.

Der gebeugte Rücken

Nein, nein und noch mal nein – nicht schon wieder! Das kann doch nicht sein, dass es kein Entkommen gibt? Bin ich der einzige Mensch, der nicht zu retten ist, – oder sind wir es alle nicht? Thorus ging gebeugt durch die Äcker, die gelb vom blühenden Senf leuchteten. Alles flimmerte hell und farbig, so als wäre alles wunderschön. Alles Lug und Trug. Keiner sah hinter die Dinge, die Menschen redeten sich die Welt einfach nur schön, weil sie sonst unerträglich wäre. Verstehen konnte er das, aber er gehörte nicht zu diesen Schwächlingen, die flach auf dem Boden liegen würden, unfähig sich zu rühren, wenn sie erkennen könnten, was er sah. Wenn sie es zuließen, die Realität so wahrzunehmen wie er es tat... Es war ihm, als stünde er auf einem Turm, und weit unter ihm wuselten die weltlichen Geschäftigkeiten. Diese kleinen Wesen, kaum einen Zentimeter groß, irrten herum, -plan- und ziellos, - heillos in ihre Dramen verwickelt. Getrieben ständig umher zu rennen, aus lauter Angst stehen zu bleiben und sehen zu müssen, was die Wirklichkeit ist. Nein, das was ihm zwar im Laufe der Jahre einen Rundrücken eingebracht hatte, von der schweren Last, konnte ihn nicht niedermähen und zermalmen. Er war es gewohnt die Stirn zu bieten, – auch wenn sie schon ganz höckerig war, - von all den schweren Gedanken.

Sie taten ihm leid, diese fleißigen Ameisen und emsigen Bienen, die dem "großen Gesetz" dienten, das sie letztlich nur ausbeutete. Das sie nur beschäftigte, weil sie damit verhinderten, - durch ihre ständige Geschäftigkeit -, auch nur einen klaren Gedanken zu zulassen.

Welch sinnloses Unterfangen, unentwegt umher zu rasen, um nicht denken zu müssen. Aber litten diese unterworfenen, gefangenen Wesen nicht weniger als er? Waren sie am Ende nicht besser dran? Sein Leid, das durch das Erkennen ausgelöst wurde, wäre vielleicht nicht so gründlich, so allumfassend, und so, dass es ihm jegliche Hoffnung raubte, - jede Zuversicht. Und war es nicht so, dass diese Resignation und Hoffnungslosigkeit ihn letztlich zerstörten? Sein Widerstand gegen das gemütliche Elend der Zentimeter-Menschen, - sein Wille, es ihnen auf keinen Fall gleich zu tun, – brachten ihm vielleicht nur ein, dass sein Leben hier auf Erden immer hoffnungsloser wurde? War er in Wirklichkeit dümmer als diese kleinen Wesen, die sich vollendet anpassten an die Fälschungen dieser Welt? War er nicht auch ein Wesen, das einer Verblendung folgte, – in anderer Hinsicht, vielleicht? Um ja nicht die eigene Täuschung sehen zu müssen, dass er vielleicht ein ebensolches Insekt war, das nur nicht einsehen wollte, dass er eben eines von ihnen war?

In seiner gebückten Haltung, in der er durch die Felder ging, fiel ihm ein eifrig hin und her laufendes Insekt auf. Als er sich nieder hockte, um es genauer zu betrachten, sah er eine Spinne, die zwischen den Gräsern ein Netz baute. Fasziniert beobachtete er ihre intensive Arbeit und dachte mit Hochachtung über das fleißige Tierchen nach: So ein emsiges Tier, ganz aufgehend in seiner Arbeit, die letztlich dem Verderben einer anderen Art diente – ohne zu überlegen, einfach nur seiend – ohne Bedenken moralischer Art – sicherte es sein Überleben. Und das erste Mal kam ihm der Gedanke, dass er vielleicht mit diesem Insekt tauschen wollte, denn es war ein Einzelgänger, verglich sich nicht – und die Frage nach Glück oder Unglück war ihm fremd.

Hypotheken

Vertrauen ist alles. Wenn man nicht vertrauen kann, nützt alles nichts. Dann lauert überall Gefahr und alles fühlt sich feindlich an. ‚Aber wie kommt man dazu?' überlegte Andreas. Bei all dem, was ihm schon passiert war, schien es ihm unmöglich. Sicher, theoretisch wusste er es – einfach vertrauen. Nicht immer gleich alles negativ betrachten. Aber wie ging das? Bei ihm war Misstrauen schon Gewohnheit. Schon als kleiner Junge lebte er im Krieg. Der wütete damals nicht nur im Land, er wütete auch in der fünf-köpfigen Familie. Der Vater trank und verprügelte anschließend jeden, der ihm unter die Augen kam. Nur eine einzige Taktik rettete ihn und seine Brüder damals vor diesen unbarmherzigen Fäusten – „die Verschwinde-Strategie." Das gelang oft, aber nicht immer, und er verschwand auch dann nicht, wenn seine Mutter das Ziel wurde. Er konnte nicht anders, er musste dazwischen, ihn ablenken, Sie war so zerbrechlich, – sie hätte sterben können. Zwar war er der Jüngste, und es wäre sicher eher die Aufgabe der beiden größeren Brüder gewesen, die Mutter zu beschützen. Aber er war der Einzige, der es wirklich wagte. Er konnte es nicht mit ansehen, wenn der Vater schwankend auf diese zierliche Frau zuwankte. Er fürchtete, sie würde es nicht überleben, und dann? Ja, was wäre dann geschehen? Sie wären unter diesen Umständen garantiert in ein Heim gekommen. Nun, vielleicht wäre das sogar besser gewesen. Aber Mutter wäre dann tot, und er liebte sie doch so sehr. Er verstand auch seinen Vater, deshalb war er ihm nicht böse gewesen. Vor dem Krieg war er ein friedlicher, in sich gekehrter Mann, der keiner Fliege etwas zu leide tat. Erst als er zurückkam, mit einem Holzbein, glitt er immer mehr in den Alkohol ab, und dann verwandelte er sich in ein Monster. Damals schon, Andreas war noch keine fünf Jahre alt, ließ er es nicht zu, dass seine Mutter geschlagen wurde. Er lief aber immer noch rechtzeitig weg, nachdem er seinen Vater abgelenkt hatte. Später ließ er die Schläge dann auf sich herab prasseln, sie taten ihm nicht mehr weh. Es schien, als hätte er schon eine Hornhaut am ganzen Körper. Er hoffte, durch das Zulassen der Schläge seinem Vater zu helfen, seine Wut los zu werden.

Als der Vater dann gestorben war, bekam Andreas seine Chance aus dieser feindlichen Welt zu entrinnen. Jetzt mit seinen 32 Jahren, hatte er sich in eine wundervolle Frau verliebt. Er war scheu, wagte es aber trotzdem, sie ins Restaurant einzuladen und hatte wirklich jede Sekunde mit ihr genossen. Heute wollte er mit ihr ins Kino gehen. Er fühlte sich wie ein kleiner Junge, – ganz aufgeregt. Er würde ganz nah neben ihr sitzen und sie spüren. Sie war seit langem das einzige Wesen, das er nicht feindlich wahrnahm. Trotzdem hatte er Angst vor ihr. Er fühlte sich unbeholfen und fürchtete, das Falsche zu tun.

Am Abend saß er dann neben ihr in der hintersten Reihe. Er wagte nicht, zu ihr hinüber zu schauen, sondern starrte krampfhaft auf die Leinwand, ohne etwas zu sehen. Er spürte eine leise Bewegung auf seinem Arm, und sah, wie sie ihm mit ihrer schmalen, weißen, feingliedrigen Hand, eine Tüte Popcorn, anbot. Er entnahm ein wenig davon und blickte dann in ihr – ihm zugewandtes Gesicht. Er zuckte zusammen, sah in ihre Augen und spürte eine solche Nähe durch ihren Blick, dass er sie kaum aushielt. Dann verschwamm dieses liebe Gesicht und das seiner Mutter erschien und er dachte noch: „Wie meine Mutter."

Marginale

Justus betrat durch die knarzende, riesige Holztüre den fast dunklen Kirchenraum. Links vor dem Altar brannten einige große Kerzen. Langsam und leise nahm er Platz in einer der hintersten Bankreihen. Still war es im Halbdunkel, gerade passend zu seiner Stimmung, denn finster war es auch in seinem Herzen und still und starr in seiner Seele. Aber das hatte auch sein Gutes, der Schmerz der letzten Tage war momentan verschwunden und dieser grauen Dumpfheit gewichen. Stumm saß er da, blickte in die flackernden Lichter, besah sich die schmerzvollen Figuren, die im Schatten lagen und ab und zu vom Schein der Kerzen mild beleuchtet wurden. Die traurigen, vom Schmerz gezeichneten Gesichter ringsum auf den Statuen faszinierten ihn, er fühlte sich zu ihnen hingezogen, so dass er schließlich aufstand und nach vorne ging, um sie genauer anzusehen. Lange betrachtete er die Gesichtszüge der heiligen Gestalten, nahm jedes Detail wahr und spürte in seiner tauben Seele langsam wieder die aufkeimende Resonanz des Leids. Er sank schließlich in der ersten Reihe der Bänke nieder und brach in lautes Schluchzen aus.

Ein Priester war lautlos aus einer der Seitentüren heraus getreten und setzte sich zu ihm in die Bankreihe. Justus hatte inzwischen aufgehört zu weinen, er schämte sich seltsamerweise nicht, sondern empfand es sogar tröstlich, dass da so still jemand neben ihm saß. Er blickte den Priester von der Seite her an, ohne den Kopf zu bewegen. Jung war er noch, nicht viel älter als er selbst, er schien im Gebet versunken, hatte die Augen geschlossen. Justus beobachtete erneut die flackernden Kerzen und die Heiligen-Gesichter, und mit einem Mal erschienen sie ihm freundlicher, weniger schmerzerfüllt.

Ganz rechts bemerkte er dann eine geschnitzte Figur, die wohl einen Engel darstellte. Hell fiel gerade ein Sonnenstrahl auf ihn, so dass er deutlich das Gesicht, die Gewandfalten, sogar jede einzelne Feder seiner Flügel wahrnehmen konnte. Die ganze Gestalt war in pastellblaue Farbe gehüllt, wie von Innen heraus leuchtend. Das Gesicht des Engels lächelte mild, es schien Justus sogar, dass es zu ihm herüber lächelte. Seine Hände hielt dieses Wesen geöffnet vor sich hin, so als wäre es bereit, ein Geschenk entgegen zu nehmen. Völlig entrückt bemerkte Justus, wie ein Lichtschein von diesen Händen aus begann, sich in seine Richtung zu bewegen. Wie in Zeitlupe kam dieser Strahl auf ihn zu und traf ihn schließlich mitten auf der Brust. Fasziniert beobachtete er wie der Strahl gleißender und immer heller in ihn eindrang, spürte wie er sein Herz erwärmte, und es selbst zu strahlen begann. Die wohlige Wärme in seiner Mitte bewirkte eine ungeheure Müdigkeit in ihm, und er schloss die Augen.

Als er sie wieder öffnete war er allein. Der Priester war verschwunden und der Engel am rechten Altar war nur noch mühsam im Dämmerlicht des Kirchenschiffes zu erkennen. Justus fragte sich, was das wohl gewesen war. Sicherlich war er eingeschlafen und hatte geträumt.

Ein paar Minuten später verließ er die Kirche und fühlte sich seltsam erleichtert, als er in die Sonne hinaus trat.